Classes des LYCÉES

FRANÇAIS 2de 1re À l'écrit et à l'oral

Cahier du BAC

Cécile de Rousiers-Gonçalves · Christophe Desaintghislain · Patrick Wald Lasowski

- **Je connais** les grands genres littéraires
- **Je maîtrise** l'analyse linéaire
- **Je sais répondre** à une question de grammaire
- **J'améliore** mon expression écrite et orale
- **Je réussis** les épreuves du Bac

Nathan

Sommaire

I. La connaissance des genres littéraires

II. La maitrise de l'écrit

Édition : Géraldine de Saint Palais
Conception maquette intérieure : ADN
Mise en page : Alinéa
Coordination artistique : Vincent Rioult
Iconographie : Nadine Gudimard
Fabrication : Christine Aubert
Illustration de couverture : © Lydia Hill

Copyright Nathan 92 avenue de France, 75013 Paris, 2020. ISBN : 978-2-09-167095-9

III. La question de grammaire

IV. Les épreuves du Bac

Le commentaire

La dissertation

La contraction et l'essai

L'épreuve orale

Repères littéraires

1 Les règles du récit

2de 1re

« Le romancier est l'historien du présent. »
Georges Duhamel, romancier.

A L'histoire du récit

Repères Depuis le Moyen Âge, **les romans** racontent dans de **longs récits en prose** l'histoire complexe de **personnages**, riches ou pauvres, mais souvent héroïques. Le roman et la nouvelle traversent les siècles en inventant **des héros** qui s'inscrivent dans la **mémoire collective**.

1 Recherche

Associez chaque titre d'œuvre au romancier qui convient. Placez chaque romancier sous son siècle. (2 points)

A. Chrétien de Troyes – **B.** Flaubert – **C.** Giono – **D.** Houelbecq – **E.** Madame de Lafayette – **F.** Marivaux – **G.** Rabelais

1. *La Carte et le territoire* – **2.** *Gargantua* – **3.** *Le Hussard sur le toit* – **4.** *Madame Bovary* – **5.** *Le Paysan parvenu* – **6.** *La Princesse de Clèves* – **7.** *Yvain ou le Chevalier au Lion*

Moyen Âge	XVIe siècle	XVIIe siècle	XVIIIe siècle	XIXe siècle	XXe siècle	XXIe siècle
....	....	....	....	....	....	....

B L'auteur, le narrateur et les personnages

Repères **L'auteur** imagine et écrit l'histoire du roman. **Le narrateur** est au contraire **un être fictif**, dont la voix raconte l'histoire au lecteur (le récit). **Les personnages** peuvent être inspirés du réel, mais ils sont toujours **des « êtres de papier »**, avec des **caractéristiques physiques et psychologiques**. Le lecteur peut s'identifier à eux car il a l'impression de vivre leurs aventures.

2 Confrontation

Texte A

À l'écho de mes pas, Barceló se retourna et, de la main, me fit signe d'approcher.
« C'est toi, Daniel ? demanda-t-il. Tu as apporté le livre ? »
J'acquiesçai aux deux questions et acceptai la chaise qu'il m'offrait près de lui et de sa mystérieuse compagne. Pendant plusieurs minutes, le libraire se contenta d'arborer un sourire placide[1], sans tenir compte de ma présence. J'abandonnai bientôt tout espoir qu'il me présente à l'inconnue en blanc.

Carlos Ruiz Zafón, *L'Ombre du vent*, Éd. Grasset & Fasquelle, 2016.

1. Placide : froid, imperturbable.

Dutilleul venait d'entrer dans sa quarante-troisième année lorsqu'il eut la révélation de son pouvoir. Un soir, une courte panne d'électricité l'ayant surpris dans le vestibule de son petit appartement de célibataire, il tâtonna un moment dans les ténèbres et, le courant revenu, se trouva sur le palier du troisième étage. Comme sa porte d'entrée était fermée à clef de l'intérieur, l'incident lui donna à réfléchir et, malgré les remontrances de sa raison, il se décida à rentrer chez lui comme il en était sorti, en passant à travers la muraille.

Marcel Aymé, *Le Passe-muraille*, Éd. Gallimard, 1943.

Complétez l'analyse pour comparer les deux récits. (3 points)

Dans les récits à la .... personne, le narrateur est un personnage qui dit « je », héros ou témoin de l'histoire racontée. Par exemple, ... Dans les récits à la .... personne, le narrateur est une voix anonyme, qui raconte une histoire à laquelle il ne participe pas. Par exemple, ...

C Le cadre du récit

Repères Dès les premières lignes, le narrateur fixe **le lieu et l'époque** dans lesquels se déroule l'action, au moyen de **connecteurs spatio-temporels**. Le lieu et l'époque évoluent avec l'enchaînement des actions qui constitue l'intrigue. **Les descriptions et les portraits** marquent une pause dans le récit.

3 Analyse

1. Surlignez les indications données sur les lieux et sur l'époque. (2 points)

2. Qui sont les personnages en présence ? (1 point)

....

3. Complétez l'analyse. (3 points)

L'histoire racontée par le roman se déroule en .... On y découvre un personnage dont on ne connaît pas le nom, un « .... », qui semble hésiter à rendre visite à un .... célèbre.

L'........................., Honoré de Balzac, a choisi de raconter son histoire à la .... personne du singulier, le narrateur ne participe pas à l'action du roman.

Vers la fin de l'année 1612, par une froide matinée de décembre, un jeune homme dont le vêtement était de très mince apparence, se promenait devant la porte d'une maison située rue des Grands-Augustins, à Paris. Après avoir assez longtemps marché dans cette rue avec l'irrésolution d'un amant qui n'ose se présenter chez sa première maîtresse, quelque facile qu'elle soit, il finit par franchir le seuil de cette porte, et demanda si maître François PORBUS[1] était en son logis. Sur la réponse affirmative que lui fit une vieille femme occupée à balayer une salle basse, le jeune homme monta lentement les degrés[2], et s'arrêta de marche en marche, comme quelque courtisan de fraîche date, inquiet de l'accueil que le roi va lui faire.

Honoré de Balzac, *Le Chef d'œuvre inconnu*, 1845.

1. François Porbus : peintre flamand qui a fait plusieurs portraits du roi Henri IV. **2.** Les degrés : les marches de l'escalier.

D L'intrigue : le schéma narratif

Repères **La situation initiale** présente le cadre de l'intrigue et les personnages. **L'événement perturbateur** remet en cause un équilibre : rencontre, accident, découverte, etc. **Les péripéties** constituent la suite d'actions dans lesquelles sont entraînés les héros. **L'élément de résolution** met un terme aux péripéties et rétablit un nouvel équilibre. **La situation finale** correspond à la situation des personnages à la fin de l'intrigue.

4 Appropriation

1. Numérotez, en marge du texte, les cinq étapes du schéma narratif de cette nouvelle. (3 points)

2. Surlignez les indications sur le temps et sur l'espace du récit. (1 point)

3. Soulignez les indications données sur les personnages. (2 points)

4. Sur une feuille à part, résumez l'intrigue en cinq phrases correspondant aux cinq étapes du récit. (3 points)

Il était arrivé devant ce plan d'eau à l'aube, il n'avait pas pris le moindre poisson […].

Soudain son bouchon plongea sous l'eau. Il avait enfin accroché un poisson. Un gros poisson sans doute parce qu'il n'arrivait pas à l'arracher à l'eau. Cela dura longtemps, cette lutte.

Mais le poisson résistait. Et le pêcheur résistait aussi. Comme s'il avait été pris dans un bloc de glaise ou de glace, relié par sa ligne à un autre bloc de glaise, l'homme se paralysait dans son geste à tirer à lui quelque chose qui ne voulait pas venir à lui et puisque le poisson ne cédait pas, il ne cédait pas non plus.

Un seul fait lui importait : il avait enfin pris quelque chose, alors que, depuis ce matin, il n'avait rien pris. Quelque chose d'énorme puisque ça lui résistait alors qu'il tirait de toutes ses forces.

À minuit, il tirait toujours. Épuisé, glacé, essoufflé.

À l'aube du lendemain, alors qu'il respirait à peine, il vit enfin le poisson qu'il avait harponné […]. Jusqu'au moment où, soudain, il bascula en avant, vers l'eau.

On ne retrouva le pêcheur que quelques jours plus tard, noyé, boursouflé entre deux gerbes d'algues, toujours accroché à sa ligne.

Ce qu'il avait cru retirer des eaux, c'était la mort. Pas un simple poisson.

Jacques Sternberg, *Contes glacés*, Éd. Mijade, 1974.

BILAN .... / 20

2 La construction du personnage de roman

2de 1re

« Chacun sait que le romancier construit ses personnages, qu'il le veuille ou non, qu'il le sache ou non, à partir des éléments de sa propre vie, que ses héros sont des masques, par lesquels il se raconte et se rêve. »

Michel Butor, romancier et critique littéraire.

A L'identité du personnage

Repères Le personnage de roman est **un être fictif** auquel l'écrivain donne **les caractéristiques d'une personne réelle**. Il lui attribue un **état civil**, un **nom**, un **âge**, une situation de famille, un **métier**, des **amis**… **Les héros**, personnages principaux de l'histoire, **évoluent** au fil du récit à travers les **rencontres**, les **voyages**, les **mariages**, les **deuils**. Ils peuvent ainsi **se transformer** sous les yeux du lecteur.

1 Repérer

Reliez le nom de chaque personnage avec la caractéristique physique ou morale, ou encore le métier qu'il évoque. (2 points)

Noms des personnages			Caractéristiques suggérées
Candide	•	•	*banquier avide de richesses*
Rouletabille	•	•	*hussard de cavalerie romantique*
Saccard	•	•	*jeune garçon naïf*
Tuvache	•	•	*reporter globe-trotter*
Zazie	•	•	*jeune fille débrouillarde*
Angelo Pardi	•	•	*paysan normand*

2 Écrire

1. Surlignez les caractéristiques du personnage qui apparaît.
Soulignez les mots qui indiquent la présence du narrateur dans le récit. (3 points)

2. Classez vos observations dans le tableau. (2 points)

3. Sur une feuille à part, présentez le personnage de Charles Bovary en quelques lignes.
Vous utiliserez au moins trois citations. (3 points)

Nous étions à l'étude, quand le proviseur entra, suivi d'un nouveau habillé en bourgeois […]. Resté dans l'angle, derrière la porte, si bien qu'on l'apercevait à peine, le nouveau était un gars de la campagne, d'une quinzaine d'années environ, et plus haut de taille qu'aucun de nous tous. Il avait les cheveux coupés droit sur le front, comme un chantre[1] de village, l'air raisonnable et fort embarrassé. Quoiqu'il ne fût pas large des épaules, son habit-veste de drap vert à boutons noirs devait le gêner aux entournures et laissait voir, par la fente des parements, des poignets rouges habitués à être nus. Ses jambes, en bas bleus, sortaient d'un pantalon jaunâtre très tiré par les bretelles. Il était chaussé de souliers forts, mal cirés, garnis de clous.

On commença la récitation des leçons. Il les écouta de toutes ses oreilles, attentif comme au sermon, n'osant même croiser les cuisses, ni s'appuyer sur le coude…

Gustave Flaubert, *Madame Bovary*, 1857.

1. Chantre : personne qui chante, pendant la messe.

Sexe	…………………………
Âge	…………………………
Traits physiques	………………………… …………………………
Traits de caractère	………………………… ………………………… …………………………
Détails vestimentaires	………………………… ………………………… …………………………

B Le portrait du personnage de roman

Repères **Le portrait physique** du personnage présente au lecteur les traits de son **visage**, les formes de son **corps**, ses **attitudes** et ses **vêtements**. L'auteur le situe **dans un décor**, au milieu des personnages et des objets qui l'entourent.

Le portrait psychologique constitue la **description morale** du personnage, en indiquant ses **idées**, ses **sentiments**, son **comportement** et ses **valeurs**. Les traits de caractère dominants du personnage sont parfois mis en relief par **les commentaires du narrateur**.

3 Comprendre

1. **Surlignez au moyen de deux couleurs différentes les informations apportées sur chacun des deux personnages.** (2 points)

2. **Complétez et poursuivez le commentaire de ce portrait croisé.** (2 points)

Le père Grandet pensait alors à se marier, et voulait déjà monter son ménage. Il avisa cette fille rebutée[1] de porte en porte. Juge de la force corporelle en sa qualité de tonnelier, il devina le parti qu'on pouvait tirer d'une créature femelle taillée en Hercule, plantée sur ses pieds comme un chêne de soixante ans sur ses racines, forte des hanches, carrée du dos, ayant des mains de charretier et une probité[2] vigoureuse comme l'était son intacte vertu. Ni les verrues qui ornaient ce visage martial[3], ni le teint de brique, ni les bras nerveux, ni les haillons[4] de la Nanon n'épouvantèrent le tonnelier, qui se trouvait encore dans l'âge où le cœur tressaille. Il vêtit alors, chaussa, nourrit la pauvre fille, lui donna des gages, et l'employa sans trop la rudoyer. En se voyant ainsi accueillie, la Grande Nanon pleura secrètement de joie, et s'attacha sincèrement au tonnelier, qui d'ailleurs l'exploita féodalement.

Honoré de Balzac, *Eugénie Grandet*, 1834.

1. Rebutée : repoussée.
2. Probité : honnêteté.
3. Visage martial : visage de guerrière.
4. Haillons : habits déchirés.

Analyse : Dans ce passage, Balzac fait le portrait de .... , « cette fille rebutée de porte en porte » à la recherche d'un travail. Mais il apporte aussi des informations sur .... , qui va embaucher celle que tout le monde repousse. En effet, physiquement, elle apparaît comme .... Mais elle possède une force physique hors du commun, ce que montrent les comparaisons : elle est « .... », ressemble à « .... ». Si la laideur et la force sont ses .... principales, elle attire cependant aussi le tonnelier par sa « .... ». Celui-ci devine tout le parti qu'il va pouvoir en tirer : ....

4 Écrire

1. **Imaginez une identité pour le personnage représenté ci-contre : nom, prénom, âge, situation familiale, caractéristiques du métier…** (1 point)

2. **Observez le décor et enrichissez la liste des éléments et accessoires qui apparaîtront dans votre portrait.** (2 points)

3. **Sur une feuille à part, rédigez le portrait du personnage.** (3 points)

E. Guibert, D. Lefèvre et F. Lemercier, *Le Photographe*, Éd. Dupuis, 2020.

BILAN .... / 20

3 Les règles du théâtre

2de 1re

« Le monde entier est un théâtre, et tous, hommes et femmes, n'en sont que les acteurs. »

William Shakespeare, dramaturge anglais.

A Le texte théâtral

Repères Le texte de théâtre est **écrit pour être joué sur scène**. L'auteur s'adresse au public à travers les paroles échangées par les acteurs : **les dialogues**. Il donne aussi des indications au lecteur sur **le décor**, **les costumes**, **le jeu des acteurs**… Ce sont **les didascalies**. Les paroles échangées informent le lecteur et le spectateur sur **l'intrigue**, l'histoire qui se joue sur scène.

1 Repérage

1. Surlignez les didascalies donnant des informations sur les personnages et sur le décor. (1 point)

2. Combien de personnages sont présents sur scène ? (1 point)

....

De quoi parlent-ils ? (1 point)

....

3. Résumez ce début d'intrigue en une courte phrase. (2 points)

....

Un jardin. Clair de lune, un pavillon dans le fond, un autre sur le devant. Entrent le Duc et Lorenzo, couverts de leurs manteaux ; Giomo, une lanterne à la main.

LE DUC – Qu'elle se fasse attendre encore un quart d'heure, et je m'en vais. Il fait un froid de tous les diables.

LORENZO – Patience, Altesse, patience.

LE DUC – Elle devait sortir de chez sa mère à minuit ; il est minuit, et elle ne vient pourtant pas.

Alfred de Musset, *Lorenzaccio*, Acte I, scène 1, 1833.

B L'exposition

Repères Constituée par **les premières scènes d'une pièce**, **l'exposition** met en place ce qui est nécessaire à la compréhension de l'intrigue : **où** est-on ? **qui** sont les personnages ? que s'est-il passé **avant** ? que va-t-il se passer **ensuite** ?

2 Découverte

1. Replacez les didascalies à l'endroit qui convient. (1 point)

A. *Il va ouvrir puis revient, suivi de Moulineaux.*
B. *en habit, la figure défaite, la cravate dénouée*
C. *dehors* – D. *inquiet*

2. Qu'apprend-on sur les deux personnages ? (2 points)

Étienne : ....

Moulineaux : ....

3. À qui Moulineaux s'adresse-t-il dans la dernière réplique ? (2 points)

....

MOULINEAUX, ◯ – Ouvrez ! c'est moi…

ÉTIENNE. – Ah ! c'est monsieur !… (◯) Monsieur a passé la nuit dehors ?…

MOULINEAUX, ◯ – Oui, chut !… non… c'est-à-dire oui… ! madame ne sait rien ?…

ÉTIENNE. – Oh ! bien… Madame sort d'ici… et si j'en juge par sa figure…

MOULINEAUX, ◯ – Oui ?… ah ! diable.

ÉTIENNE. – Ah ! monsieur, c'est bien mal ce que fait monsieur, et si monsieur voulait en croire un ami…

MOULINEAUX. – Quel ami ?

ÉTIENNE. – Moi ! monsieur.

MOULINEAUX. – Dites donc, gardez donc vos distances !… Ah ! Dieu ! quelle nuit !… j'ai dormi sur la banquette de l'escalier !… Si je n'ai point attrapé vingt rhumatismes !…

Georges Feydeau, *Tailleur pour dames*, Acte I, scène 1, 1886.

C Le conflit théâtral

Repères Toute pièce de théâtre se développe à partir d'**un conflit**. **Le nœud de l'action** se forme quand les projets des personnages principaux se heurtent à des obstacles. **La péripétie** est un événement qui modifie la situation. Lorsqu'elle est inattendue et surprenante, c'est **un coup de théâtre**. **Le dénouement**, dernier temps de l'action, est marqué par la disparition des obstacles. Il est **heureux dans la comédie** et **malheureux dans la tragédie**.

3 Repérage

1. À quel genre théâtral la pièce appartient-elle ? (1 point)

....

2. Surlignez les informations données sur les personnages. (1 point)

3. Que révèle cette scène d'exposition sur la situation des personnages ? (2 points)

....

....

....

4. Quels conflits pourraient apparaître dans la suite de la pièce ? (1 point)

....

....

MADEMOISELLE HABERT. – Il est donc bien vrai que vous m'aimez un peu, La Vallée ?
LA VALLÉE. – Un peu, Mademoiselle ? Là, de bonne foi, regardez-moi dans l'œil pour voir si c'est un peu.
MADEMOISELLE HABERT. – Hélas ! Ce qui me fait quelquefois douter de votre tendresse, c'est l'inégalité de nos âges.
LA VALLÉE. – Mais votre âge, où le mettez-vous donc ? Ce n'est pas sur votre visage [...].
MADEMOISELLE HABERT. – Vous voyez ce que je fais pour vous, mon cher enfant.
LA VALLÉE. – Pardi, je vois des bontés qui sont des merveilles ! Je vois que vous avez levé un habit qui me fait brave comme un marquis ; je vois que je m'appelais Jacob quand nous nous sommes connus, et que depuis quinze jours vous avez eu l'invention de m'appeler votre cousin, Monsieur de la Vallée. Est-ce que cela n'est pas admirable ?
MADEMOISELLE HABERT. – Je me suis séparée d'une sœur avec qui je vivais depuis plus de vingt-cinq ans dans l'union la plus parfaite, et je brave les reproches de toute ma famille, qui ne me pardonnera jamais notre mariage quand elle le saura.

Marivaux, *La Commère*, scène 1, 1741.

D Les formes du dialogue théâtral

Repères **Les personnages s'adressent la parole** sous les yeux des spectateurs à travers leurs répliques. **La tirade** est une longue réplique à travers laquelle le personnage raconte, informe, explique, ou argumente. Dans **le monologue**, un personnage parle seul en scène : il réfléchit à voix haute pour prendre une décision, affronter une crise. **L'aparté** est une réplique entendue par le public mais pas les autres personnages.

4 Découverte

1. À qui s'adresse Caboussat ? (1 point)

....

Comment appelle-t-on ce type de réplique ? (1 point)

....

2. À quel conflit personnel Caboussat est-il confronté ? (2 points)

....

3. Quelles seront les réactions des spectateurs témoins de ces confidences ? (1 point)

....

CABOUSSAT, *seul*. – J'ai réfléchi à ce que m'a dit Machu... Je serai maire, le premier magistrat d'Arpajon ! puis conseiller général ! puis député !... et après ? le portefeuille[1] ! qui sait ?... *(Tristement.)* Mais non ! ça ne se peut pas !... Je suis riche, considéré, adoré... et une chose s'oppose à mes projets... la grammaire française !... Je ne sais pas... *(Regardant autour de lui avec inquiétude.)* Je ne sais pas l'orthographe ! Les participes surtout, on ne sait par quel bout les prendre... tantôt ils s'accordent, tantôt ils ne s'accordent pas... quels fichus caractères ! Quand je suis embarrassé, je fais un pâté[2]... mais ce n'est pas de l'orthographe !

Eugène Labiche, *La Grammaire*, scène 5, 1867.

1. Le portefeuille : la place de ministre.
2. Un pâté : une tache d'encre.

BILAN .... / 20

4 La représentation théâtrale

2de 1re

« Une mise en scène n'est jamais neutre. Toujours, il s'agit d'un choix. »

Antoine Vitez, metteur en scène de théâtre.

A Le lieu théâtral

Repères Le **texte de théâtre** est destiné à être joué sur **une scène**. Pour cela, les **comédiens** ou **acteurs** portent des **costumes** et se meuvent dans un **décor**. Le public peut être placé sur le **parterre** ou dans les **loges**, en fonction de son statut social. Le lieu théâtral permet de **voir** et d'**être vu**. Il est resté pendant des siècles le loisir préféré des hommes.

1 Découverte

1. Notez le nom des différents éléments du lieu théâtral indiqués par les flèches : scène, comédiens, décor, public, loges. (2 points)

....

....

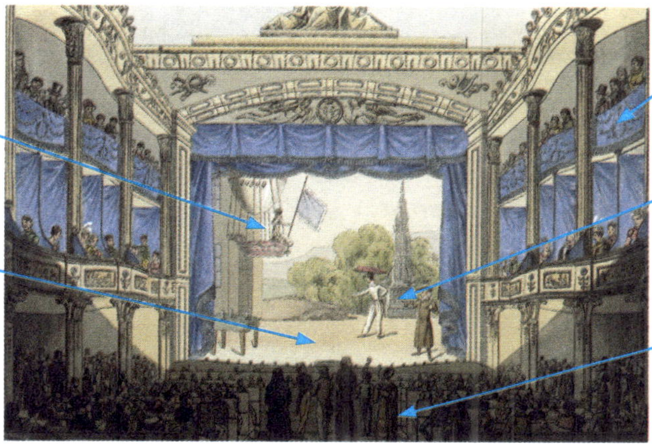

....

....

....

2 Découverte

1. Surlignez dans le texte les termes qui renvoient aux éléments habituels d'un théâtre. (2 points)

2. Quelle est la fonction des rideaux ? (2 points)

....

3. Comment l'éclairage de la scène est-il assuré ? (2 points)

....

4. Complétez l'analyse. (2 points)

Pour le décor de sa pièce, Edmond Rostand choisit de reproduire le plus ancien théâtre de Paris : .... On y découvre « une sorte de .... » dans lequel on retrouve tous les éléments constitutifs du théâtre : ....

Les conditions techniques de la représentation théâtrale restent cependant difficiles : ....

La salle de l'Hôtel de Bourgogne, en 1640. Sorte de hangar de jeu de paume aménagé et embelli pour des représentations.

La salle est un carré long ; on la voit en biais, de sorte qu'un de ses côtés forme le fond qui part du premier plan, à droite, et va au dernier plan, à gauche, faire angle avec la scène qu'on aperçoit en pan coupé.

Cette scène est encombrée, des deux côtés, le long des coulisses, par des banquettes. Le rideau est formé par deux tapisseries qui peuvent s'écarter. Au-dessus du manteau d'Arlequin[1], les armes royales. On descend de l'estrade dans la salle par de longues marches. De chaque côté de ces marches, la place des violons. Rampe de chandelles…

Deux rangs superposés de galeries latérales : le rang supérieur est divisé en loges. Pas de sièges au parterre, qui est la scène même du théâtre […]. Au lever du rideau, la salle est dans une demi-obscurité, vide encore. Les lustres sont baissés au milieu du parterre, attendant d'être allumés.

Edmond Rostand, *Cyrano de Bergerac*, Acte I, scène 1, 1896.

1. Manteau d'Arlequin : cadre entourant le rideau.

B La mise en scène

Repères Le **metteur en scène** est celui qui transpose le texte théâtral sur la scène. **Il choisit les acteurs** et **dirige leur jeu**, décide des **costumes**, du **décor** et des **accessoires**. Il peut proposer **une vision personnelle de la pièce**, jusqu'à s'éloigner du texte original.

3 Repérage

Au lever du rideau la pièce est dans l'obscurité. Une ombre, c'est Gustave, avec une lampe électrique. Il a des vêtements sombres, une casquette. Il examine silencieusement les objets du salon. Soudain il entend un bruit, il éteint sa lampe. Un petit sifflement. Deux ombres surgissent. Deux lampes s'allument, se croisent et fixent Gustave.

GUSTAVE. – Qu'est-ce que c'est ?
L'OMBRE. – On vient pour le coup.
GUSTAVE. – C'est Peterbono ?
L'OMBRE. – Non. Nous sommes les nouveaux.
LA DEUXIÈME OMBRE. – Les nouveaux bandits.
GUSTAVE. – Mais enfin, qu'est-ce que c'est ? *(Il sort un revolver.)* Haut les mains !

Jean Anouilh, *Le Bal des voleurs*, Éd. de la Table ronde, 1958.

1. **Combien de personnages sont présents dans cette scène ?** (1 point)

....

2. **Surlignez l'ensemble des éléments qui seraient nécessaires à la mise en scène de ce passage : décor, accessoires, costumes, etc.** (1 point)

3. **En quoi l'éclairagiste a-t-il une fonction particulièrement importante dans la mise en scène de ce début de représentation théâtrale ?** (1 point)

....

....

4 Découverte

Par mise en scène nous entendons le dessin d'une action dramatique. C'est l'ensemble des mouvements, des gestes et des attitudes, l'accord des physionomies, des voix et des silences, c'est la totalité du spectacle scénique, émanant d'une pensée unique, qui le conçoit, le règle et l'harmonise. Le metteur en scène invente et fait régner entre les personnages ce lien secret et visible, cette sensibilité réciproque, cette mystérieuse correspondance des rapports, faute de quoi le drame, même interprété par d'excellents acteurs, perd la meilleure part de son expression.

Jacques Copeau, *Un essai de rénovation dramatique : le théâtre du Vieux-Colombier*, NRF, 1913.

1. **Surlignez d'une couleur l'ensemble des termes renvoyant au jeu des acteurs ; d'une autre les expressions renvoyant au travail du metteur en scène.** (1 point)

2. **Soulignez le champ lexical de la musique. À qui pourrait-on comparer le metteur en scène ?** (1 point)

....

....

....

5 Appropriation

UN JEUNE HOMME. – (1) Hein ? Vous croyez que je ris ? Je suis furieux ! Ces professeurs, quels crétins ! Si jamais je suis ministre, je les supprime ! (2) Vous ne savez pas ce qui m'arrive ? Mon professeur me demande ma leçon ; je n'en savais pas un mot ; il me flanque un zéro. Quelle injustice ! Est-ce que je pouvais la savoir... Je ne l'avais pas apprise. J'ai réclamé... Il m'a mis à la porte. Alors je lui ai dit un mot, mais un mot ! (3) Eh bien, il n'a pas bronché, le lâche ! Il est vrai qu'il n'a pas pu l'entendre, je l'ai dit tout bas. Ah ! C'est que ce matin j'avais bien autre chose à faire que d'apprendre des leçons. J'ai dormi moi !... parce que, avant hier, j'ai été en soirée...

Georges Feydeau, *Le Potache*, 1883.

1. **À qui le personnage en scène s'adresse-t-il ?** (1 point)

....

2. **Quelles réactions recherche-t-il ?** (1 point)

....

....

3. **Imaginez trois didascalies (1, 2, 3) qui renseignent le comédien sur les gestes, attitudes ou mimiques qu'il doit adopter au moment de prononcer ses répliques.** (3 points)

....

....

....

BILAN .... / 20

5 Les règles de la poésie

2de 1re

« Tout homme bien portant peut se passer de manger pendant deux jours, de poésie, jamais. »

Charles Baudelaire, poète et critique d'art.

A La mesure du vers

Repères Pour mesurer la longueur d'un vers, on compte le nombre de syllabes qui le constituent. Les principaux **types de vers** sont **l'octosyllabe** (huit syllabes), **le décasyllabe** (dix), **l'alexandrin** (douze). **Le *e* muet** ne se prononce pas lorsqu'il est suivi d'une voyelle ou lorsqu'il est placé à la fin d'un vers : « Heureux qui, comme Ulysse, a fait un beau voyage » (Du Bellay)

1 Repérage

Surlignez les *e* muets et séparez chaque syllabe par une barre oblique. Indiquez le nom du vers. (4 points)

• Le brouillard est froid, la bruyère est grise (Hugo)

• Plus ne suis ce que j'ai été,
Et ne le saurais jamais être (Marot)

• Voici des fruits, des fleurs, des feuilles et des branches,
Et puis voici mon cœur qui ne bat que pour vous.
(Verlaine)

• Seul, moi, dans cet esquif, que nul être accompagne,
Sur le torrent fougueux je vois passer mes jours. (Borel)

B Les sonorités du poème

Repères **La rime** est le retour régulier d'un même son à la fin de deux vers. Elle assure la mélodie du poème. Les rimes peuvent être **suivies** (AA/BB…), **croisées** (ABAB) ou **embrassées** (ABBA). **L'harmonie sonore** du vers est également assurée par l'alternance des **rimes féminines** (avec un *e* muet) et **masculines** (les autres). Le retour anormal d'un même son forme une **allitération** (consonnes) ou une **assonance** (de voyelles) : « Pour qui sont ces serpents qui sifflent sur nos têtes ? » (Corneille)

2 Découverte

Je vis, je meurs ; je me brûle et me noie ;
J'ai chaud extrême en endurant froidure :
La vie m'est et trop molle et trop dure.
J'ai grands ennuis entremêlés de joie.

Tout à un coup je ris et je larmoie,
Et en plaisir maint grief[1] tourment j'endure ;
Mon bien s'en va, et à jamais il dure ;
Tout en un coup je sèche et je verdoie.

Ainsi Amour inconstamment me mène ;
Et, quand je pense avoir plus de douleur,
Sans y penser je me trouve hors de peine.

Puis, quand je crois ma joie être certaine,
Et être au haut de mon désiré heur[2],
Il me remet en mon premier malheur.

Louise Labé, *Élégies et sonnets*, 1555.

1. Grief : grave. **2.** Heur : bonheur.

1. Quel type de vers la poétesse a-t-elle choisi d'utiliser ? (1 point)

2. Faites apparaître au moyen de couleurs le schéma des rimes du poème. (1 point)

3. Quelle est la disposition des rimes dans les deux premières strophes ? Dans les deux dernières ? (2 points)

4. Repérez une allitération et une assonance. Quels sentiments ces sonorités font-elles entendre ? (2 points)

C Les strophes

Repères La strophe possède une **unité syntaxique** : la fin de la strophe coïncide généralement avec la fin d'une phrase. Elle possède aussi une **unité thématique** en développant une émotion ou une idée. On distingue **le distique** (deux vers), **le tercet** (trois), **le quatrain** (quatre), **le quintil** (cinq), **le sizain** (six), etc. Le **refrain** revient parfois d'une strophe à l'autre en renforçant la mélodie du poème.

3 Découverte

1. **Indiquez le nom de chaque strophe.** (1 point)

2. **L'unité grammaticale de chaque strophe est-elle respectée ? Justifiez votre réponse.** (2 points)

....

....

....

3. **Surlignez le refrain. Quelle est sa fonction ?** (2 points)

....

....

....

Partir, c'est mourir un peu,
C'est mourir à ce qu'on aime :
On laisse un peu de soi-même
En toute heure et dans tout lieu.

....

C'est toujours le deuil d'un vœu,
Le dernier vers d'un poème ;
Partir, c'est mourir un peu,
C'est mourir à ce qu'on aime.

....

Et l'on part, et c'est un jeu,
Et jusqu'à l'adieu suprême
C'est son âme que l'on sème,
Que l'on sème à chaque adieu :
Partir, c'est mourir un peu...

Edmond Haraucourt,
Rondel de l'adieu, 1902.

D Le rythme du vers

Repères **La fin du vers** coïncide généralement avec la **fin d'un groupe syntaxique**, ce qui lui donne un **rythme régulier**. Cette régularité est renforcée par une **pause au milieu du vers (la césure)**. **L'enjambement** et **le rejet** créent des **effets de rupture** en brisant les groupes syntaxiques de la phrase par la mesure du vers :
Et j'irai loin, bien loin, comme un bohémien,
Par la Nature, – heureux comme avec une femme.
(Rimbaud)

4 Interprétation

1. **Repérez la césure au moyen d'une barre oblique. Pourquoi peut-on parler de rythme régulier ?** (2 points)

....

....

....

a) C'est un arbre en verdeur, un soleil en éclats,
Puis une nuit de rose aux languissants ébats (Xavier Forneret)

b) Elle avait pris ce pli dans son âge enfantin
De venir dans ma chambre un peu chaque matin (Hugo)

c) Quand je pense à ce jour, où je la vis si belle
Toute flamber d'amour, d'honneur et de vertu (Du Bellay)

5 Analyse

1. **Marquez la césure des vers 2 et 3 au moyen d'une barre oblique.** (1 point)
2. **À quel endroit faut-il marquer une pause aux vers 1 et 4 ?** (1 point)
3. **Surlignez l'enjambement. Quel est l'effet produit sur le rythme de la strophe ?** (1 point)

....

Va vite, léger peigneur de comètes !
Les herbes aux vents seront tes cheveux,
De ton œil béant jailliront les feux
Follets, prisonniers dans les pauvres têtes...
(Tristan Corbière)

BILAN .... / 20

6 L'évolution des formes poétiques

2de 1re

« Un sonnet sans défaut vaut seul un long poème. »
Nicolas Boileau, poète satiriste et théoricien du classicisme.

A Les poèmes de formes régulières

Repères La fable, l'ode ou l'élégie sont héritées de l'Antiquité. La fable raconte une histoire exemplaire qui illustre une morale. L'ode médite sur les dieux, l'amour, la nature ou la beauté sur un ton grave et sous la forme d'une suite de strophes de même longueur. L'élégie est plus courte : elle est marquée par la tristesse et la mélancolie que causent le temps qui passe, la mort ou la nostalgie des souvenirs lointains.

1 Analyse

1. De combien de strophes se constitue le poème ? Combien de vers chaque strophe comporte-t-elle ? (1 point)

2. Combien de syllabes comporte chaque vers ? (1 point)

3. Surlignez les rimes au moyen de couleurs. (1 point)

4. Indiquez le thème de chaque strophe. (2 points)

Une allée du Luxembourg

Elle a passé, la jeune fille
Vive et preste comme un oiseau
À la main une fleur qui brille,
À la bouche un refrain nouveau.

C'est peut-être la seule au monde
Dont le cœur au mien répondrait,
Qui venant dans ma nuit profonde
D'un seul regard l'éclaircirait !

Mais non, – ma jeunesse est finie...
Adieu, doux rayon qui m'as lui, –
Parfum, jeune fille, harmonie...
Le bonheur passait, – il a fui !

Gérard de Nerval, « Une allée du Luxembourg », *Odelettes*, 1832.

B Les poèmes de formes fixes

Repères Inventés au Moyen Âge ou à la Renaissance, les poèmes de forme fixe obéissent à des règles strictes de construction. La ballade et le rondeau comportent ainsi un refrain, qui rappelle que la poésie est d'abord destinée à être chantée. Le sonnet, importé d'Italie par les poètes de la Pléiade, comporte quatre strophes, deux quatrains et deux tercets, aux rimes embrassées.

2 Appropriation

1. Ce sonnet de Baudelaire est retranscrit sous la forme d'un texte en prose. Repérez les 14 décasyllabes qui le composent en les séparant par des //. (2 points)

2. Surlignez les rimes, dont le schéma est le suivant : ABAB/ABAB/CCD/EDE (1 point)

3. Sur une feuille à part, recopiez le poème sous sa forme originelle. (2 points)

Nous aurons des lits pleins d'odeurs légères, des divans profonds comme des tombeaux, et d'étranges fleurs sur les étagères, écloses pour nous sous des cieux plus beaux. Usant à l'envi leurs chaleurs dernières, nos deux cœurs seront de vastes flambeaux qui réfléchiront leurs doubles lumières dans nos deux esprits, ces miroirs jumeaux. Un soir fait de rose et de bleu mystique, nous échangerons un éclair unique, comme un long sanglot, tout chargé d'adieux ; et plus tard un Ange, entr'ouvrant les portes, viendra ranimer, fidèle et joyeux, les miroirs ternis et les flammes mortes.

Charles Baudelaire, « La mort des amants », *Les Fleurs du mal*, 1857.

C Le poème en prose

Repères Charles Baudelaire inaugure dans ses *Petits poèmes en prose* (1869) une façon nouvelle de faire de la poésie. Le poème ne comporte plus de retours à la ligne ni de strophe. Ce sont la musicalité du langage et la force des images poétiques qui priment. Les poètes du XXe siècle, et notamment les surréalistes, explorent cette forme poétique moderne.

3 Repérage

1. **Surlignez l'ensemble des termes appartenant au champ lexical du fugitif et de l'éphémère.** (1 point)
2. **Quelle est la sonorité dominante du poème ? Entourez ce son répété.** (1 point)
3. **Quels autres éléments du poème donnent à cet univers imaginaire sa dimension poétique ?** (1 point)

....

4. **Complétez l'analyse.** (2 points)

La poésie d'Henri Michaux est proche de la prose. Ainsi, le poème intitulé « Les Écoravettes » raconte .... Cependant, il s'agit avant tout d'un poème en prose. En effet, ...

Les Écoravettes

Les Écoravettes servent de guides (non de servantes, ni de porteuses) au passage du marais d'Op. Les passes[1] changent avec la saison et jamais les hommes n'ont été aussi bons qu'elles à retrouver les îles et les terre-pleins de ces chemins changeants. Elles posent de-ci de-là leurs petits pieds avec sensibilité et interrogation, comme des oreilles prolongées, et puis on passe.

Henri Michaux, « Voyage en grande Garabagne », *Ailleurs*, Éd. Gallimard, 1967.

1. Les passes : les points de passage.

D Le poème en vers libres

Repères Apparu à la fin du XIXe siècle, le vers libre rejette les contraintes de la poésie classique. Les vers demeurent, mais leur mesure n'obéit plus aux règles de la répétition. La rime est irrégulière et remplacée par des échos sonores. Les poètes de la modernité et les surréalistes y trouvent leur forme poétique privilégiée.

4 Analyse

1. **Surlignez les mots répétés qui rythment le poème. Quels sont les deux thèmes qu'ils évoquent ?** (1 point)

....

2. **Observez la construction du poème. Que constatez-vous ?** (2 points)

Vers : ....

Strophes : ....

Rimes : ....

3. **Quelle est la fonction des deux derniers vers ?** (1 point)

....

4. **En quoi la construction de ce poème le rend-il proche d'une chanson ?** (1 point)

....

....

Je te vis, je t'aimais…
Je te vis, je t'aimais,
je te revis, je t'aimais,
je t'ai revue, je t'aime encore.

Des valses passaient en dialogues d'oublis,
Toi, je t'avais vue, je t'ai reconnue,
des valses partaient pour les plaines d'oublis,
toi je t'adorais et t'adore encore.

Je t'ai reconnue à ton air d'oubli,
tu croyais la vie plus morose,
j'avais apporté un bouquet de roses,
tu l'as respiré et puis tu as ri,

Je t'ai revue et je t'aimais,
je t'ai revue, je t'aime encore.

Gustave Kahn, *Domaine de fée*, 1895.

BILAN .... / 20

7 Les règles de l'argumentation

2de 1re

« Penser, voilà le triomphe vrai de l'âme. »
Victor Hugo

A Le thème et la thèse de l'argumentation

Repères Le thème d'une argumentation est le sujet sur lequel un émetteur choisit de s'exprimer. La thèse défendue est une idée, une opinion, un point de vue, dont l'émetteur va ensuite s'attacher à démontrer la vérité. La thèse réfutée est un point de vue que l'émetteur va rejeter au profit de sa propre thèse, différente ou opposée.

1 Découverte

1. Surlignez le thème des énoncés suivants. (1 point)

2. Interrogez-vous : rayez ceux qui ne défendent pas une thèse mais font un simple constat. (1 point)

a) « J'ai révisé toute la journée. »
b) « On n'a jamais écrit un roman aussi génial ! »
c) « Molière a vécu au XVIIe siècle. »
d) « L'interdiction de fumer est nécessaire dans les sociétés modernes. »
e) « Le téléchargement illégal de la musique met en péril la création artistique. »

3. Réfutez les trois thèses exprimées au moyen d'une phrase, en affirmant un point de vue divergent. (2 points)

....

....

....

....

....

....

2 Repérage

Tous les journaux illustrés nous présentent l'image affreuse et fantastique d'une tour de fer de trois cents mètres qui s'élèvera sur Paris comme une corne unique et gigantesque. Ce monstre […] effraie d'avance les pauvres gens naïfs qui ont conservé le goût de l'architecture artiste, de la ligne et des proportions.
Cette pointe de fonte épouvantable n'est curieuse que par sa hauteur. [...] Pourquoi cette tour, pourquoi cette corne ? Pour étonner ? Pour étonner qui ? Les imbéciles.

Guy de Maupassant, « La Tour… Prends garde », *Gil Blas*, 19 octobre 1886.

1. Interrogez-vous : quel est le thème de l'argumentation ? Surlignez le champ lexical qui lui est associé. (1 point)

2. Reformulez la thèse défendue par l'auteur. (1 point)

....

....

3 Appropriation

Texte A
Aujourd'hui, quasiment tous les scientifiques s'accordent à imputer l'essentiel de l'évolution du climat sur les dernières décennies du XXe siècle aux gaz à effet de serre produits par les activités humaines. Le principal responsable est le gaz carbonique qui représente 70 % des émissions.

© CNRS - Le CNRS en ligne

Texte B
Toutes les observations attestent qu'il y a bien un changement climatique, et peut-être même un réchauffement depuis 1987 si l'on se fie aux observations sur les températures européennes et sur l'élévation du niveau de la mer. Mais aucune de ces observations ne lie automatiquement cela au gaz carbonique d'origine humaine. Méfiance !

Claude Allègre, *Ma Vérité sur la planète*, Éd. Plon, 2007.

1. Quel est le thème commun aux deux textes ? (1 point)

....

2. Surlignez les thèses défendues par chaque émetteur. (1 point)

3. Reformulez chaque thèse en une phrase. (2 points)

Thèse A :

....

Thèse B :

....

B Les arguments et les exemples

Repères Les arguments constituent des preuves destinées à valider la thèse. L'émetteur peut s'appuyer sur des faits vérifiés. Il peut aussi faire appel à des valeurs (le droit, la justice...). Il peut explorer les causes et les conséquences. Il peut citer un livre ou un auteur reconnus : l'argument d'autorité. Les exemples sont des illustrations qui donnent un caractère concret à l'argumentation. Ils facilitent la compréhension du destinataire.

4 Repérage

1. Quel est le thème du texte ? (1 point)

....

....

2. Surlignez et relevez la thèse défendue. (1 point)

....

3. Surlignez les arguments et les exemples apportés. (1 point)

Notre siècle est celui du sport, et l'athlète est devenu le laboratoire de l'homme de demain. Les performances, dans toutes les disciplines, ont fait des bonds prodigieux, se sont accélérées et multipliées grâce à l'évolution physiologique générale de l'homme (qui a grandi de dix centimètres en un siècle !), à la qualité des sélections, aux stratégies d'entraînements et aux avancées spectaculaires des biotechnologies. Le 100 mètres se court en 9,79 secondes contre 12 secondes.

Virginie Luc, *Exploit*, Éd. Federico Motta Editore, 2004.

C Les procédés de la persuasion

Repères Pour convaincre, l'émetteur fait appel à la raison du destinataire en lui apportant des arguments et des exemples. Pour persuader, il construit son discours de manière à emporter l'adhésion de ceux auxquels il s'adresse. Le choix des mots, des figures de style, d'une tonalité particulière participent à la persuasion. Celui qui s'exprime ne s'adresse plus à la raison mais aux émotions.

5 Repérage

Soulignez d'une couleur les procédés qui servent à convaincre, d'une autre couleur ceux qui servent à persuader. (2 points)

Thèse, polémique, chiffres, citation, métaphore, exclamation, appel aux valeurs, éloquence, termes affectifs, fausse question, termes péjoratifs, réalisme, connecteurs logiques, apostrophe.

6 Analyse

1. Interrogez-vous : quel est le thème et la thèse de l'argumentation ? (2 points)

2. Soulignez les arguments que l'auteur apporte. (1 point)

3. Relevez et analysez un procédé de style utilisé pour persuader le destinataire. (2 points)

Pour mieux persuader son destinataire, Victor Hugo utilise .... En effet,

....

....

....

....

Ah ! messieurs ! je ne fais injure au cœur de personne, si ceux qui s'irritent à mes paroles en ce moment avaient vu ce que j'ai vu, s'ils avaient vu comme moi de malheureux enfants vêtus de guenilles mouillées qui ne sèchent pas de tout l'hiver, d'autres qui ont toujours envie de dormir parce que, pour gagner leurs trois ou quatre misérables sous par jour, on les arrache de trop bonne heure à leur sommeil, d'autres qui ont toujours faim et qui, s'ils trouvent dans la rue, dans la boue, des feuilles vertes, les essuient et les mangent, s'ils avaient vu les pères et les mères de ces pauvres petits êtres, qui souffrent bien plus encore, car ils souffrent dans eux-mêmes et dans leurs enfants, s'ils avaient vu cela comme moi, ils auraient le cœur serré comme je l'ai en ce moment, et, j'en suis sûr, et je leur fais cet honneur d'en être sûr, loin de m'interrompre, ils me soutiendraient, et ils me crieraient : courage ! parlez pour les pauvres !

Victor Hugo, *Discours à l'Assemblée*, 1851.

BILAN .... / 20

2de 1re

8 La littérature d'idées et la presse

« La liberté de la presse présente des inconvénients. Mais moins que l'absence de liberté. »

François Mitterrand, homme politique.

A La connaissance de l'Homme et du monde

Repères Au XVIe siècle, les écrivains de la Renaissance placent l'homme au centre de leurs préoccupations : c'est l'humanisme. Au XVIIe siècle, les classiques s'interrogent sur les rapports que les hommes entretiennent dans la société. Ces écrivains moralistes cherchent à établir des règles de conduite sur ce qui leur semble juste. Tous dessinent la figure idéale de l'honnête homme.

1 Analyse

En ce monde il se faut l'un l'autre secourir.
Si ton voisin vient à mourir,
C'est sur toi que le fardeau tombe.

Un Âne accompagnait un cheval peu courtois,
Celui-ci ne portant que son simple harnois,
Et le pauvre Baudet si chargé qu'il succombe.
Il pria le Cheval de l'aider quelque peu :
Autrement il mourrait devant que[1] d'être à la ville.
« La prière, dit-il, n'en est pas incivile[2] :
Moitié de ce fardeau ne vous sera que jeu. »
Le Cheval refusa, fit une pétarade ;
Tant qu'il vit sous le faix[3] mourir son camarade,
Et reconnut qu'il avait tort.
Du Baudet en cette aventure,
On lui fit porter la voiture,
Et la peau par-dessus encor.

Jean de La Fontaine, « Le Cheval et l'Âne », *Fables*, VI, 1668.

1. Devant que de : avant de. **2.** Incivile : grossière, impolie. **3.** Le faix : le poids.

1. Qui peut-on voir derrière les deux animaux ? (1 point)

....

2. Complétez le tableau de manière à en résumer le récit. (2 points)

Situation initiale	....
Événement perturbateur	....
Élément de résolution	....
Situation finale	....

3. Quels sont les défauts dénoncés ? (1 point)

....

4. Quelle valeur la morale défend-elle ? (1 point)

....

B La quête de la liberté

Repères Au XVIIIe siècle, les philosophes des Lumières ont pour objectif de transmettre le savoir au plus grand nombre, car il est pour eux la condition d'une vraie liberté. Ils combattent les préjugés, les superstitions et le fanatisme au nom de la raison. Ils remettent en cause l'absolutisme du pouvoir royal, l'esclavage, les inégalités sociales, la censure ou la torture.

2 Repérage

L'instruction doit être universelle, c'est-à-dire s'étendre à tous les citoyens. Elle doit être répartie avec toute l'égalité que permettent les limites nécessaires de la dépense, la distribution des hommes sur le territoire, et le temps, plus ou moins long, que les enfants peuvent y consacrer. Elle doit, dans ses divers degrés, embrasser le système tout entier des connaissances.

Condorcet, *Rapport et projet de décret relatifs à l'organisationgénérale de l'instruction publique*, 1792.

1. Quelle est la thèse défendue par Condorcet ? (1 point)

....

2. Surlignez les objectifs mis en avant. (1 point)

3. Pour les Lumières, pourquoi la question de l'éducation est fondamentale ? Répondez sur une feuille à part. (3 points)

C La réflexion sur le progrès

Repères À partir du XIXe siècle, les **progrès techniques et scientifiques** bouleversent la société. Ils conduisent écrivains et penseurs à s'interroger sur leurs **conséquences sur la vie** des hommes. **Ceux-ci se passionnent** pour le progrès, qui transforme les modes de vie et de pensée. Écrivains et penseurs manifestent leur foi dans **un avenir meilleur**, fondé sur **les certitudes** de la science.

3 Repérage

1. Repérez la thèse défendue par l'auteur. (1 point)

2. Soulignez les marques de l'implication dans le discours, destinées à le rendre plus persuasif. (1 point)

3. Citez trois valeurs sur lesquelles s'appuie Renan dans cet extrait de sa conférence. (1 point)

....

....

Souvenez-vous combien était pénible autrefois le travail de la moisson ; maintenant une machine supporte tout l'effort et le rend inutile. Souvenez-vous quelle richesse a produite, dans la richesse publique, la fabrication du sucre de betteraves.
Que n'aurais-je à dire des bienfaits que l'humanité doit aux progrès de la physiologie, des sciences de la vie ? Autrefois, telle maladie était tenue pour incurable. Maintenant on la guérit radicalement en quelques minutes. [...] Je suis convaincu que les progrès de la mécanique, de la chimie, seront la rédemption[1] de l'ouvrier.

Ernest Renan, *Conférences*, 1890.

1. La rédemption : le salut, la réparation.

D L'information et le débat d'idées

Repères Depuis le début du XXe siècle, face aux **crises** qui se succèdent, les **intellectuels** sont conduits à **prendre parti**. L'omniprésence des **médias** dans la vie quotidienne, à travers la **mise en réseau** des individus, modifie **aujourd'hui** les formes traditionnelles de **la presse** et de **l'argumentation**. **L'échange d'opinions** est **immédiat** et le **débat**, voire la **polémique**, sont **permanents** entre tous les citoyens.

4 Reformulation

1. Interrogez-vous : à quel événement l'auteur fait-il allusion dans cet article ? (1 point)

....

....

2. Quelle conclusion tire-t-il de cette actualité ? (1 point)

3. Sur une feuille à part, reformulez l'extrait en réduisant sa longueur de moitié (75 mots environ). (2 points)

Le monde est ce qu'il est, c'est-à-dire peu de choses. C'est ce que chacun sait depuis hier grâce au formidable concert que la radio, les journaux et les agences d'informations viennent de déclencher au sujet de la bombe atomique. On nous apprend, en effet, au milieu d'une foule de commentaires enthousiastes, que n'importe quelle ville d'importance moyenne peut être totalement rasée par une bombe de la grosseur d'un ballon de football. Des journaux américains, anglais et français se répandent en dissertations élégantes sur l'avenir, le passé, les inventeurs, le coût, la vocation pacifique et les effets guerriers, les conséquences politiques et même le caractère indépendant de la bombe atomique. Nous nous résumerons en une phrase : la civilisation mécanique vient de parvenir à son dernier degré de sauvagerie. Il va falloir choisir, dans un avenir plus ou moins proche, entre le suicide collectif et l'utilisation intelligente des conquêtes scientifiques.

Albert Camus, article paru dans *Combat*, 8 août 1945.

5 Appropriation

1. Quelles préoccupations contemporaines cette image reflète-t-elle ? (1 point)

....

....

2. Sur une feuille à part, rédigez un texte argumentatif bref, quinze lignes environ, dans lequel vous défendrez l'idée selon laquelle cette situation ne peut plus durer. (2 points)

Photographie de Antoine Repessé.

BILAN .... / 20

9 Le discours et l'éloquence oratoire

2de 1re

« L'homme le plus simple qui a de la passion persuade mieux que le plus éloquent qui n'en a point. »

François de la Rochefoucauld, moraliste.

A Les règles de la rhétorique

Repères Pour **persuader**, l'orateur fait **partager ses émotions** et **ses sentiments** de manière à provoquer **l'enthousiasme** de ceux auxquels il s'adresse. Pour cela, il utilise le **langage verbal** et le **langage non verbal** (posture, gestes, voix, mise en scène).

1 Repérage

Quelle signification peut-on donner aux détails suivants ? (3 points)

– Le regard et le doigt pointés vers le public :

....

– La présence en arrière-plan du drapeau américain :

....

– Les manches de la chemise retroussées :

....

Obama en meeting pour les candidats démocrates de Pennsylvanie, à Philadelphie le 21 septembre 2018.

B La construction du discours

Repères **L'éloquence**, c'est-à-dire **l'art de bien parler**, s'appuie sur le choix des **mots**, la construction des **phrases** et la progression du **discours**. Les **figures de style** rythment l'énoncé. Le **vocabulaire affectif** ou **évaluatif** fait partager les **sentiments** et les **jugements**.

2 Découverte

Interrogez-vous : illustrez par un exemple chacune des significations (a, b, c, d) du mot éloquence. (2 points)

Éloquence (n. f.).
a) Facilité à s'exprimer.
b) L'art, le talent d'émouvoir et de persuader par la parole.
c) Forme d'élocution propre à certains métiers : éloquence de la chaire, du barreau, de la tribune.
d) Science de la rhétorique, art de bien parler grâce à la construction du discours.

3 Analyse

1. Surlignez les mots qui expriment un jugement de l'auteur. (1 point)

2. Soulignez l'anaphore qui rythme le discours. Reformulez, sur une feuille à part, la thèse qu'il défend. (2 points)

3. Sur une feuille à part, commentez la dernière phrase du discours. Quelle est sa fonction ? (2 points)

L'opinion est fondée sur l'ignorance, et l'ignorance favorise extrêmement le despotisme[1]. C'est elle qui, tenant le bandeau sur les yeux des peuples, les empêche de connaître leurs droits, d'en sentir le prix. […]
C'est elle qui, les rendant dupes de tant de préceptes mensongers, leur lie les mains, plie leur tête au joug[2], et leur fait recevoir en silence les ordres arbitraires des despotes. […]
Pour soumettre les hommes, on travaille d'abord à les aveugler.

Jean-Paul Marat, *Les Chaînes de l'esclavage*, 1792.

1. Despotisme : pouvoir absolu. **2.** Plier au joug : soumettre, assujettir.

C L'implication dans le discours

Repères

Pour **persuader**, il est important de faire preuve de **conviction** et d'entraîner avec soi ceux à qui l'on s'adresse. Les **pronoms de la 1re et de la 2e personnes**, les **modalisateurs de certitude**, les **termes évaluatifs**, les **fausses questions** englobent l'émetteur et le destinataire dans ce qui est dit. En utilisant l'impératif, celui qui parle pousse celui qui écoute **à penser comme lui et à agir**.

4 Analyse

1. **Surlignez les pronoms de la première et de la deuxième personne.** (1 point)

2. **Pourquoi sont-ils aussi nombreux ?** (1 point)

....

3. **Identifiez les mots et expressions qui expriment un jugement. Quelle est leur fonction ?** (1 point)

....

....

4. **Soulignez les phrases utilisant le mode impératif. Commentez cet emploi.** (2 points)

....

....

....

En 1848, les insurgés parisiens proclament la République. Ils veulent remplacer le drapeau tricolore par le drapeau rouge. Lamartine, au milieu des menaces, s'adresse à la foule hostile…

Vous ne me ferez pas reculer, vous ne me ferez pas taire tant que j'aurai un souffle de vie sur les lèvres. J'aime l'ordre, j'y dévoue, comme vous voyez, ma vie ; j'exècre l'anarchie, parce qu'elle est le démembrement de la société civilisée ; j'abhorre[1] la démagogie parce qu'elle est la honte du peuple et le scandale de la liberté ; mais quoique né dans une région sociale plus favorisée, plus heureuse que vous, mes amis, que dis-je ? précisément parce que j'y suis né, parce que j'ai moins travaillé, moins souffert que vous, parce qu'il m'est resté plus de loisir et de réflexion pour contempler vos détresses et pour y compatir de plus haut, ayez confiance dans mes conseils, repoussez ce drapeau de sang ! Abolissez la peine de mort et relevez le drapeau de l'ordre, de la victoire et de l'humanité.

Alphonse de Lamartine, *Contre le drapeau rouge*, 1848.

1. J'abhorre : je déteste au plus au point.

D L'utilisation des figures de style

Repères

Toutes les **figures de style** sont mises au service de l'éloquence car elles **rythment** le discours **tout en le clarifiant**. Les **antithèses**, les **hyperboles**, les **comparaisons** et les **métaphores** permettent ainsi à celui qui s'exprime de faire partager **son point de vue** et **ses sentiments**.

5 Commentaire

1. **Surlignez une antithèse, une métaphore et un parallélisme.** (2 points)

2. **Quelle est la fonction des questions qui débutent le poème ?** (1 point)

....

3. **Expliquez comment Victor Hugo suscite l'émotion du lecteur à travers l'éloquence dont il fait preuve dans le début de ce poème.** (2 points)

....

....

Où vont tous ces enfants dont pas un seul ne rit ?
Ces doux êtres pensifs que la fièvre maigrit ?
Ces filles de huit ans qu'on voit cheminer seules ?
Ils s'en vont travailler quinze heures sous des meules ;
Ils vont, de l'aube au soir, faire éternellement
Dans la même prison le même mouvement.
Accroupis sous les dents d'une machine sombre,
Monstre hideux qui mâche on ne sait quoi dans l'ombre,
Innocents dans un bagne, anges dans un enfer,
Ils travaillent. Tout est d'airain, tout est de fer.
Jamais on ne s'arrête et jamais on ne joue.
Aussi quelle pâleur ! La cendre est sur leur joue…

Victor Hugo, « Melancholia », *Les Contemplations*, 1856.

....

....

BILAN .... / 20

10 L'analyse linéaire

2de 1re

« Qu'est-ce que le texte sinon un gigantesque cartilage verbal ? »
Amélie Nothomb, romancière belge

A La lecture globale du texte

Repères Elle permet de **placer le texte** à étudier **dans un contexte qui l'éclaire** : époque, objet d'étude, genre, registre, thèmes, etc. Il s'agit de **déterminer les caractéristiques essentielles du texte** et de **mettre en évidence les intentions de l'auteur** (argumenter, décrire, raconter…).

1 Découverte

Lalla Hawa, descendante d'une tribu nomade du Sahara, découvre la France où, remarquée pour sa beauté, elle devient un mannequin célèbre.

Elle danse comme elle a appris autrefois, seule au milieu des gens, pour cacher sa peur, parce qu'il y a trop de bruit, trop de lumière. Le photographe reste assis sur la marche, sans bouger, sans même penser à la photographier. Au début, les gens ne font pas attention à Hawa, parce que la lumière les aveugle. Puis, c'est comme s'ils sentaient que quelque chose d'extraordinaire était arrivé, sans qu'ils s'en doutent. Ils s'écartent, ils s'arrêtent de danser, les uns après les autres, pour regarder Lalla Hawa. Elle est toute seule dans le cercle de lumière, elle ne voit personne.

J.M.G Le Clézio, *Désert*, Éd. Gallimard, 1980.

1. Interrogez-vous : quel est le thème central du texte ? (1 point)

2. Quelle est l'intention de l'auteur ? (1 point)

☐ raconter ☐ expliquer

3. Résumez la scène en quelques mots (qui, où, quand, quoi ?) (2 points)

……………………………………………

……………………………………………

……………………………………………

B L'étude de détail du texte

Repères Elle permet d'**émettre une hypothèse de lecture** qui explique l'originalité du texte analysé. **Elle s'appuie sur le lexique** (vocabulaire), **les images** (comparaisons et métaphores), **la syntaxe** (temps verbaux, construction et rythme des phrases) et **les sonorités** (rimes, allitérations et assonances).

2 Analyse

Elle danse sur le rythme lent de la musique électronique, et c'est comme si la musique était à l'intérieur de son corps. La lumière brille sur le tissu noir de sa robe, sur sa peau couleur de cuivre, sur ses cheveux. On ne voit pas ses yeux à cause de l'ombre, mais son regard passe sur les gens, emplit la salle, de toute sa force, de toute sa beauté. Hawa danse pieds nus sur le sol lisse […] ses épaules et ses bras sont légèrement écartés comme des ailes. […] Elle peut bouger, enfin, elle est libre, elle tourne sur elle-même, les bras écartés, et ses pieds frappent le sol, du bout des orteils, puis du talon, comme sur les rayons d'une grande roue dont l'axe monte jusqu'à la nuit.
Elle danse, pour partir, pour devenir invisible, pour monter comme un oiseau vers les nuages.

J.-M.G Le Clézio, *Désert*, Éd. Gallimard, 1980.

1. Surlignez les réseaux lexicaux dominant du texte : la danse, le corps. Entourez les mots répétés. (1 point)

2. Quel est le temps verbal utilisé ? (1 point)

……………………………………………

3. Soulignez les comparaisons et les métaphores présentes. Quelle vision donnent-elles de l'héroïne ? (2 points)

……………………………………………

4. Que veut montrer l'auteur dans ce portrait ? (2 points)

……………………………………………

……………………………………………

C L'interprétation des indices relevés

Repères Le lexique donne des **indications** sur les **choix thématiques** et les **jugements** de l'auteur. Les figures de style suggèrent des **impressions**, des **effets de symétrie ou d'opposition**, d'**amplification** ou de **mise en relief**. Les **sonorités** et la **construction** des phrases ou des vers mettent en valeur des mots et donnent un **rythme original** au texte.

3 Interprétation

1. **Surlignez le procédé utilisé dans les citations suivantes.** (1 point)

2. **Indiquez à chaque fois l'effet recherché par l'auteur.** (3 points)

a) Des vols d'obus passent, s'abattent, sautent, arrachent des branches, rugissent sous la terre, se vautrent dans la boue, puis tournent comme des toupies et restent là. On creuse à la pelle de trou à trou. (Giono)

Procédé utilisé : l'énumération.

Interprétation : ....

....

....

....

b) La princesse, dans un palais de rose pure,
Sous les murmures, sous la mobile ombre dort.
(Valéry)

Procédé utilisé : les allitérations

Interprétation : ....

....

c) Il était minuit à peu près ; la lune, échancrée par sa décroissance et ensanglantée par les dernières traces de l'orage, se levait derrière la petite ville d'Armentières, qui découpait sur sa lueur blafarde la silhouette sombre de ses maisons et le squelette de son haut clocher. (Dumas)

Procédés utilisés : les connotations et les métaphores.

Interprétation : ....

....

4 Interprétation

1. **Encadrez les mots répétés.** (1 point)

2. **Surlignez le champ lexical de la folie ; les termes appréciatifs.** (1 point)

3. **Quel signe de ponctuation souligne l'émotion du narrateur dans les deux dernières phrases ? Justifiez votre réponse.** (2 points)

....

....

....

....

Quand on me dit : « Vous savez que Jacques Parent est mort fou dans une maison de santé », un frisson douloureux, un frisson de peur et d'angoisse me courut le long des os ; et je le revis brusquement, ce grand garçon étrange, fou depuis longtemps peut-être, maniaque inquiétant, effrayant même. C'était un homme de quarante ans, haut, maigre, un peu voûté, avec des yeux d'halluciné, des yeux noirs, si noirs qu'on ne distinguait pas la pupille, des yeux mobiles, rôdeurs, malades, hantés. Quel être singulier, troublant qui apportait, qui jetait un malaise autour de lui, un malaise vague, de l'âme, du corps, un de ces énervements incompréhensibles qui font croire à des influences surnaturelles.

Guy de Maupassant, *Un fou ?*, 1884.

4. **Complétez le paragraphe d'analyse.** (2 points)

Le personnage évoqué par Maupassant dans ce texte se caractérise par son aspect inquiétant. En effet, les mots répétés (« .... », « .... », « .... ») soulignent .... On retrouve cette dimension dans les réseaux lexicaux dominant du texte. Ainsi, le champ lexical de la folie est omniprésent : « .... », « .... », « .... », etc. De même, les termes appréciatifs employés par le narrateur, comme « .... » ou « .... », nous montrent un homme ....

BILAN .... / 20

11 L'usage de l'orthographe

2de 1re

« Avant d'écrire un roman, il faut apprendre l'orthographe »
Nathalie Sarraute, romancière.

A Nom masculin ou nom féminin ?

Repères Les noms désignent des êtres (un homme), des objets (une voiture) ou des idées (la vitesse). Ils s'accompagnent d'un déterminant qui en précise le genre : masculin (un, le) ou féminin (une, la). Les noms désignant les humains et les animaux ont généralement un féminin et un masculin, contrairement aux autres noms.

1 Application

1. Indiquez au moyen du déterminant qui convient le genre des noms suivants. (2 points)

.... apogée	.... arôme	.... haltère	.... pétale
.... astérisque	.... éclair	.... hémisphère	.... tentacule.
.... atmosphère	.... équerre	.... intervalle	
.... autoroute	.... emblème	.... orbite	

2. Indiquez le genre des noms suivants en plaçant devant chaque mot l'adjectif démonstratif qui convient : *ce*, *cet* ou *cette*. (2 points)

a) .... épisode	c) .... pétale	e) .... planisphère	g) .... insigne
b) .... antidote	d) .... espèce	f) .... autoroute	h) .... équerre

3. Mettez les groupes nominaux suivants au féminin. (2 points)

Un magicien : ....

Un docteur : ....

Un vendeur : ....

Un rédacteur : ....

Un canard : ....

Un écrivain : ....

B Les marques du pluriel

Repères Tous les noms prennent un « s » ou un « x » au pluriel, sauf ceux se terminant par un *z*. Les adjectifs s'accordent en genre et en nombre avec les noms. Certains mots sont invariables : les adverbes, les conjonctions de coordination et de subordination ainsi que les prépositions.

2 Application

Après avoir mis les mots suivants au pluriel, replacez-les dans les phrases : *portail, éventail, landau, jumeau, vitrail*. (2 points)

Elle collectionne les .... chinois.

Le parc possède deux .... en fer forgé.

Elles ont acheté des .... pour leurs poupées.

Les .... de la cathédrale sont magnifiques.

Elle a mis au monde des ....

3 Commutation

Remplacez les groupes nominaux surlignés par un adjectif équivalent et faites l'accord. (2 points)

Les repas du dimanche. ....

Des termes de médecine. ....

Des leçons de maître. ....

Les décisions du préfet. ....

Les signes des astres. ....

Les héros du Moyen Âge. ....

C L'accord du participe passé

Repères Lorsque le verbe utilise l'auxiliaire ***être***, **le participe passé s'accorde comme un adjectif** (Elle est *venue*). Lorsque le verbe utilise l'auxiliaire ***avoir***, le participe passé **reste invariable** (Elles ont *chanté*), mais il s'accorde avec le COD lorsque celui-ci le précède (Ses amies l'ont *félicitée*). Cela sauf si le COD est le pronom neutre « en ».

4 QCM

1. Utilisez le participe passé qui convient pour les phrases suivantes. (2 points)

a) Elles sont .... nous dire bonjour.
A. passé B. passées C. passer

b) Ils ont été .... par la situation.
A. gêné B. gênés C. gênaient

c) Ils sont ...., puis sont .... sans rien dire.
A. partis/revenus B. parti/revenus C. partis/revenues

2. Entourez le participe passé qui convient pour les phrases suivantes. (2 points)

a) Elle a .... des indications imprécises.
A. fourni B. fournie C. fournit

b) Il nous a .... des fleurs qu'il a .... dans son jardin.
A. offert/choisi B. offertes/choisies C. offert/choisies

c) .... par leurs efforts, elles ont .... une heure.
A. fatiguées/dormi B. fatigué/dormies C. fatiguées/dormit

d) Des aventures, j'en ai .... beaucoup.
A. connu B. connue C. connues

D Les homophones

Repères Les homophones sont **des mots qui se prononcent de la même manière** (*ces/ses*), mais dont **le sens et la graphie sont différents**, ce qui provoque des difficultés orthographiques.

5 Application

1. Dans ces couples d'homophones, rayez celui qui ne convient pas. Appuyez vos réponses sur le sens de la phrase. (4 points)

a) Ils (leur/leurs) ont dit toute la vérité.

b) Elles ont perdu (leur/leurs) cours.

c) Tout (ce/ceux/se) qui est importé de Chine est taxé.

d) (Ce/Ceux/Se) livre (ce/ceux/se) lit facilement, même par (ce/ceux/se) qui n'aiment pas la lecture.

e) (Ni/N'y) la France (ni/n'y) l'Allemagne (ni/n'y) participent.

f) Je (l'ai/les/l'est) ai appelés hier.

g) Je (l'ai/les/l'est) rencontré au lycée.

h) Elles sont (en train/entrain) de chanter et elles chantent avec (en train/entrain).

2. Complétez les expressions par *tout* ou ses homophones, puis reliez-les à l'expression qui les explique. (2 points)

En .... cas •		• partout
À .... égards •		• quoi qu'il en soit
À .... les vents •		• quoi qu'il arrive
.... un chacun •		• chaque personne

BILAN .... / 20

12 La construction de la phrase

2de 1re

« L'écriture est un exercice spirituel. Elle aide à devenir libre. »
Jean Rouaud, romancier français.

A La ponctuation

Repères La majuscule marque le début d'une phrase ou d'un vers. Elle caractérise les noms propres : nom, prénom, surnom, nom de peuple ou de lieu. Le point marque la fin d'une phrase. La virgule marque une courte pause à l'intérieur de la phrase. Elle sépare des mots, des groupes de mots ou des propositions de même nature. Elle peut aussi servir à encadrer une proposition subordonnée ou une incise.

1 Repérage

1. Distinguez les majuscules qui marquent le début d'une phrase et celles qui caractérisent les noms propres. (1 point)

2. Les virgules et les points ont été supprimés. Rétablissez-les. (1 point)

Est-ce une bouffée de chaleur révolutionnaire devant tant de lettres enchaînées Une soif de clarté Ce matin-là un jour lointain du IIe siècle avant J.-C. Aristophane de Byzance qui règne alors sur la Bibliothèque d'Alexandrie décide d'insérer un blanc entre deux noms Son estimé collègue Aristarque de Samothrace poursuit le travail Et c'est ainsi que d'un blanc est née la ponctuation cet art de découper de rythmer d'atteler de détacher des brigades de mots

Alexandre Demidoff, *Le Temps* du 12 juillet 2019.

2 Application

Rétablissez les virgules dans phrases suivantes, extraites d'une dissertation. (3 points)

a) Le XVIIIe siècle provoque une révolution du regard que la civilisation européenne porte sur elle-même : l'indigène le barbare l'esclave deviennent les juges de l'Européen.

b) Dans les *Lettres persanes* de Montesquieu le voyageur porte un regard neuf un regard critique sur les mœurs des parisiens leurs vices et leurs vertus.

c) Mieux que Bougainville grand voyageur bardé de certitudes le Tahitien devient l'observateur le sociologue de ses visiteurs.

B La modalité de la phrase

Repères On peut vouloir informer (modalité déclarative), questionner (modalité interrogative), donner un ordre (modalité impérative) ou exprimer un sentiment (modalité exclamative). Ces modalités se traduisent à l'oral par une intonation particulière, à l'écrit par la ponctuation.

3 Interprétation

1. Repérez, dans l'extrait suivant, la présence des quatre modalités. (2 points)

2. Quels états d'esprits successifs Harpagon fait-il partager au spectateur à travers ce choix des modalités ? (3 points)

....

....

....

....

HARPAGON. – Au voleur ! au voleur ! à l'assassin ! au meurtrier ! Justice, juste Ciel ! je suis perdu, je suis assassiné, on m'a coupé la gorge, on m'a dérobé mon argent. Qui peut-ce être ? Qu'est-il devenu ? Où est-il ? Où se cache-t-il ? Que ferai-je pour le trouver ? Où courir ? Où ne pas courir ? N'est-il point là ? N'est-il point ici ? Qui est-ce ? Arrête. Rends-moi mon argent, coquin… *(Il se prend lui-même le bras.)* Ah ! c'est moi. Mon esprit est troublé, et j'ignore où je suis, qui je suis et ce que je fais.

Molière, *L'Avare*, Acte IV, scène VII, 1669.

C L'oral et l'écrit

Repères À l'oral, il est courant de **disloquer la phrase**, de manière à **mettre en relief le sujet ou le thème**, tout en donnant un temps de réflexion à la pensée. **À l'écrit**, l'ordre habituel de la phrase est le suivant : **sujet + verbe + compléments**.

4 Observation

1. Repérez les maladresses contenues dans les phrases suivantes. (1 point)

2. Réécrivez les phrases de façon à supprimer les tournures orales et à leur redonner un ordre logique. (2 points)

a) L'écrivain réaliste, avant de rédiger son roman, il prend des notes et il construit un plan rigoureux, c'est un travail de préparation indispensable pour l'auteur.

....

b) Avec Zola, une fois en classe, nous avons étudié les plans de la mine réalisés par Zola pour écrire son roman, *Germinal* je crois. J'ai trouvé ça super intéressant.

....

5 Réécriture

Rayez les subordonnées inutiles dans les phrases suivantes. (2 points)

a) Au vers 2 du poème de Baudelaire, la comparaison que l'on trouve développe l'image de l'incendie.

b) On retrouve la même image dans la strophe suivante, qui apparaît cette fois sous la forme d'une métaphore filée.

c) Sophocle, Rotrou, Cocteau et Anouilh sont les écrivains qui ont été les auteurs successifs d'une tragédie intitulée *Antigone*.

6 Appropriation

Décrivez en deux phrases cette couverture de roman, de manière à expliquer les intentions de son concepteur. (1 point)

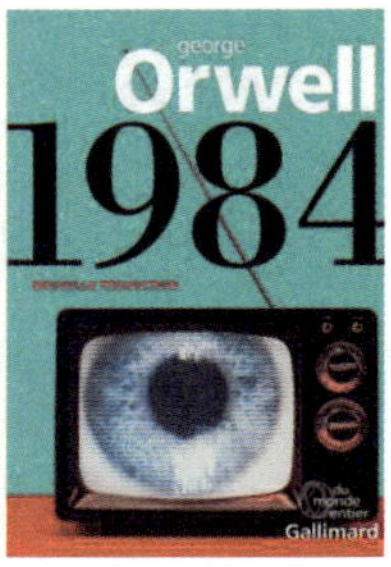

....

D Le rythme et l'ampleur de la phrase

Repères Lorsqu'elle est longue, la **phrase** doit être **rythmée**. Le **rythme binaire** et le **rythme ternaire** ordonnent les mots ou les groupes de mots qui constituent les phrases deux par deux ou trois par trois, leur donnant ainsi **une ampleur harmonieuse**.

7 Réécriture

Sur une feuille à part, récrivez les groupes de phrases suivants en une seule phrase ample. Vous leur donnerez un rythme binaire ou un rythme ternaire. (4 points)

a) Les formes du discours argumentatif sont très diverses. Cette diversité répond à l'évolution de la littérature. Elle est rendue possible par la multiplication des moyens de communication. Elle correspond aux enjeux sociaux, politiques et culturels de chaque époque.

b) L'argumentation est destinée à louer ou à blâmer. Elle peut vouloir attaquer ou défendre. Elle peut inciter à l'action ou déconseiller.

c) Le discours argumentatif conserve la trace des modèles de l'Antiquité. Il obéit aux principes de la rhétorique. Il agit à la fois sur le cœur et sur la raison.

d) L'avocat plaide dans l'enceinte du tribunal. Le chroniqueur défend son opinion dans les colonnes des journaux. Le publicitaire séduit en mettant en valeur les objets de consommation. Tous argumentent de manière à convaincre ou persuader.

BILAN .... / 20

13 Le choix du mot juste

« Le mot juste ! Le mot juste ! Quelle économie de papier le jour où une loi obligera les écrivains à ne se servir que du mot juste ! »
Jules Renard, romancier.

A Le lexique et la syntaxe

Repères Les **mots imprécis** (« chose »), **passe-partout** (« faire »), les **expressions familières** (« le daron ») ou **orales** (« genre ! ») nuisent à la qualité de l'expression. Pour éviter ces **incorrections** et ces **maladresses**, il est nécessaire d'**utiliser le terme juste** en exploitant les ressources du lexique et de la syntaxe.

1 Être précis

Entourez le ou les mots justes qui précisent le sens des termes surlignés. (4 points)

a) Le livre de Verlaine regroupe ses poèmes de jeunesse.
bouquin – volume – tome – recueil – ouvrage – roman

b) Le narrateur montre au lecteur les sentiments qu'il éprouve envers les personnages de son histoire.
expose – étale – dévoile – écrit – présente
intrigue – récit – discours – narration – monologue

c) Le discours de Victor Hugo est contre la peine de mort.
refuse – s'oppose – condamne – agrée – repousse

d) Le dernier vers du poème provoque l'étonnement du lecteur.
l'ahurissement – l'ébahissement – le saisissement – la stupéfaction – la stupeur – la surprise

B Le vocabulaire de l'analyse littéraire

Repères Pour rédiger une **réponse**, un **commentaire** ou une **dissertation**, ou encore mener une **analyse à l'oral**, il est nécessaire de **désigner précisément les notions littéraires et les procédés rhétoriques** mis en œuvre par le texte.

2 Analyser

Associez chaque terme à la définition qui convient. (3 points)

néologisme •	• *idée toute faite*
huitain •	• *mot inventé*
exposition •	• *ensemble de mots renvoyant au même thème*
stéréotype •	• *première scène*
rhétorique •	• *premières lignes d'un roman*
césure •	• *dernier vers d'un sonnet*
chute •	• *strophe de huit vers*
champ lexical •	• *art du discours*
incipit •	• *coupe centrale du vers*

3 Rédiger

Complétez le paragraphe d'analyse au moyen des termes suivants : passé simple, l'action, durée, temps verbal, narratif, répétition. (3 points)

Le premier extrait est un passage purement .... ; il raconte les efforts surhumains de Paul pour rejoindre celle qu'il aime, alors que le navire sur lequel elle se trouve est victime d'une terrible tempête. Le .... est l'imparfait, qui souligne tantôt la .... des efforts (« elle le couvrait »), tantôt .... : « il avait l'espoir ». C'est ainsi que l'action se fige jusqu'au moment où paraît Virginie (« On vit alors… »). L'imparfait laisse dès lors place au ...., créant un suspense insoutenable et cruel.

C Les synonymes et les périphrases

Repères La répétition d'un même terme affaiblit l'expression en donnant l'impression d'un style négligé et d'un lexique limité. On évite les répétitions par l'emploi de synonymes et de périphrases qui nuancent le discours tout en l'enrichissant.

4 Enrichir

Associez chaque périphrase au terme qu'elle désigne. (5 points)

Le siècle des Lumières •	• *Les fables*
Le recueil scandaleux de Charles Baudelaire •	• *La Fontaine*
L'auteur des *Trois Mousquetaires* •	• *André Breton*
L'Ésope et le Phèdre français •	• *Le théâtre*
Le plus ancien des prix littéraires •	• *Jean-Jacques Rousseau*
Le chef de file du surréalisme •	• *Le XVIIIe siècle*
L'univers magique des planches •	• *Alexandre Dumas*
Ces récits en vers qui font parler les animaux •	• *Denis Diderot*
L'inventeur de l'autobiographie moderne •	• Les Fleurs du mal
Le défenseur de *L'Encyclopédie* •	• *Le Goncourt*

5 Nuancer

Proposez deux synonymes pour les verbes surlignés. (2 points)

a) Le corpus est fait de quatre textes.
....

b) L'auteur donne au lecteur sa vision du monde.
....

c) La scène montre nos propres interrogations.
....

d) La problématique du texte porte sur la mélancolie.
....

D Le rôle des pronoms

Repères L'utilisation du pronom doit mettre en relation de façon claire le pronom (« il », « elle », « celui-ci », « ce dernier », « les uns… les autres », « qui », « dont »…) et le nom auquel il se rapporte. Le choix du pronom adapté permet ainsi d'éviter les nombreuses ambiguïtés qui sont source de confusion.

6 Être clair

Complétez les phrases suivantes en utilisant les pronoms qui conviennent. (3 points)

a) Rousseau fait le blâme de la civilisation : .... est convaincu qu' .... a perverti les hommes .... fait l'éloge du « bon sauvage » en condamnant les injustices sociales. À ses yeux, ... sont nées de la propriété. Voltaire .... reproche ainsi de trahir les efforts des Lumières pour le développement du progrès, ... il est le plus ardent défenseur.

b) De nombreux auteurs ont accusé Molière d'être immoral .... dénoncent ses audaces de libre penseur, ... lui reprochent la violence de ses attaques .... oublient alors que Molière est un homme de théâtre .... veut simplement faire rire ses contemporains en .... faisant réfléchir sur ....

BILAN .... / 20

14 Le présent, le futur et le conditionnel

2de 1re

« Nous sommes au futur. Voici demain qui règne aujourd'hui sur la Terre. »
René Char, poète et résistant

A Le présent de l'indicatif

Repères Le présent de l'indicatif évoque **un fait**, une action, un état, un événement **qui se produit au moment où l'on parle**. Il est **le temps principal du discours**, employé dans la vie quotidienne, mais aussi dans **l'analyse**, **l'explication** ou **le résumé** d'un texte ou d'une œuvre.

1 Repérage

Surlignez, dans les exemples, les verbes conjugués au présent de l'indicatif.
Interrogez-vous : associez chaque exemple à sa valeur d'emploi et à la définition qui convient. (2 points)

	Valeur d'emploi	Définition
1. *Un Loup survient à jeun qui cherchait aventure,/ Et que la faim en ces lieux attirait.* (La Fontaine)	**A.** Présent actuel	Indique une action en cours au moment où l'on parle.
2. *La Terre tourne autour du Soleil.*	**B.** Présent de répétition	Exprime la répétition ou l'habitude.
3. *Elle est très grande et elle a de jolis yeux noirs.*	**C.** Présent de vérité générale	Évoque un fait qui est vrai de tout temps.
4. *Tous les jours, il se lève de bonne heure.*	**D.** Présent de narration	Raconte des événements passés en les rendant plus « vivants ».

2 Commentaire

1. Mettez la morale entre crochets. À quel temps les verbes y sont-ils conjugués ? Pourquoi ? (1 point)

....

....

2. Expliquez l'utilisation des temps verbaux dans la fable. (3 points)

....

....

....

....

Une Grenouille vit un Bœuf
Qui lui sembla de belle taille.
Elle, qui n'était pas grosse en tout comme un œuf,
Envieuse, s'étend, et s'enfle, et se travaille,
Pour égaler l'animal en grosseur,
Disant : « Regardez bien, ma sœur ;
Est-ce assez ? dites-moi ; n'y suis-je point encore ?
– Nenni. – M'y voici donc ? – Point du tout. – M'y voilà ?
– Vous n'en approchez point. » La chétive pécore[1]
S'enfla si bien qu'elle creva.
Le monde est plein de gens qui ne sont pas plus sages :
Tout bourgeois veut bâtir comme les grands seigneurs,
Tout petit prince a des ambassadeurs,
Tout marquis veut avoir des pages[2].

Jean de La Fontaine, *Fables*, I, 1668.

1. Pécore : être stupide. **2.** Des pages : des serviteurs.

3 Analyse

Complétez le paragraphe de dissertation suivant avec les verbes *savoir, lire, permettre, provoquer, être, charmer*. (4 points)

Le texte de théâtre .... le bonheur du lecteur. Le dramaturge .... un écrivain dont le style .... ceux qui le .... Corneille, Molière, Racine au XVIIe siècle, Victor Hugo ou Edmond Rostand au XIXe ont développé des qualités d'écriture exceptionnelles. La tragédie et la comédie .... inventer des situations qui leur .... d'exprimer la diversité des sentiments humains.

B Le futur simple

Repères Le futur présente **l'action** envisagée par celui qui parle comme **à venir mais certaine**. Le locuteur annonce ainsi que **cette action va se réaliser**. Il l'accompagne souvent d'un **connecteur de temps**. Le futur permet donc de **donner un ordre**, de **faire une promesse** ou de **prédire un événement**.

4 Repérage

1. Soulignez les verbes conjugués au futur et encadrez les connecteurs de temps. (1 point)

2. Quelles phrases expriment la certitude ? (2 points)

....

Laquelle n'exprime que l'éventualité ?

....

Laquelle évoque une action à venir sans utiliser le futur ?

....

A. « Ah ! bah ! Elle reviendra, vous verrez ! » (Alphonse Allais)

B. « Si nous sommes écrasés ici et à Madrid, les hommes auront un jour vécu avec leur cœur. » (Malraux)

C. « Il a oublié toutes ses victoires, mais il se rappellera toujours qu'un camarade qu'il considérait comme plus faible l'a un jour couché sur le dos et maintenu au sol pendant dix secondes comptées à voix haute. » (Milan Kundera)

D. « Est-ce que vous savez que cette petite sera votre bourreau ? » (Sartre)

E. « Il n'a pas encore eu le temps d'écrire mais tu vas bientôt recevoir une lettre. » (Charles Juliet)

5 Commentaire

1. Surlignez les verbes conjugués au futur et les connecteurs de temps auxquels les actions sont liées. (1 point)

2. À travers quels autres procédés l'expression de la certitude est-elle renforcée ? (1 point)

....

Demain, dès l'aube, à l'heure où blanchit la campagne,
Je partirai. Vois-tu, je sais que tu m'attends.
J'irai par la forêt, j'irai par la montagne.
Je ne puis demeurer loin de toi plus longtemps.

Victor Hugo, « Demain dès l'aube »,
Les Contemplations, 1856.

C Le conditionnel

Repères Le conditionnel envisage l'**action à venir** comme **hypothétique** ou irréelle. Celui qui l'emploie fait **partager ses doutes** sur la réalité de ce qu'il exprime ou l'impossibilité de réaliser l'action envisagée. La **conjugaison** du conditionnel **ressemble à celle du futur**, mais elle lui ajoute les **terminaisons de l'imparfait**.

6 Application

1. Dans ce texte, Rousseau imagine ce qu'il serait devenu s'il était resté apprenti à Genève au lieu de devenir philosophe.

Quel temps utilise-t-il ? (1 point) ....

Pourquoi ? (1 point) ....

J'aurais aimé mon état, je l'aurais honoré peut-être, et après avoir passé une vie obscure et simple, mais égale et douce, je serais mort paisiblement dans le sein des miens. Bientôt, oublié sans doute, j'aurais été regretté, du moins aussi longtemps qu'on se serait souvenu de moi. Au lieu de cela… quel tableau vais-je faire ? Ah ! n'anticipons point sur les misères de ma vie !

Jean-Jacques Rousseau, *Les Confessions*, 1782.

2. Complétez le paragraphe de commentaire. (3 points)

Commentaire : *Dans ce texte extrait des Confessions, le philosophe des Lumières Jean-Jacques Rousseau explique .... Il emploie pour cela le ...., qui est le temps verbal de .... En effet, Rousseau exprime ses regrets devant .... On le voit par exemple dans la phrase : .... Le deuxième paragraphe annonce le récit à venir à travers l'interjection .... et l'emploi du verbe ....*

BILAN .... / 20

15 Les temps du passé

2de 1re

« Je t'aimais. Je t'aime. Je t'aimerai. La conjugaison du bonheur ! »
Olympe de Gouges, femme de lettres et révolutionnaire.

A Les temps du récit : le passé simple et l'imparfait

Repères Le passé simple situe les actions dans un passé coupé du présent : c'est le temps du récit. L'action évoquée par le passé simple est considérée comme achevée, révolue. L'imparfait situe lui aussi les faits évoqués dans le passé. Il sert de second plan aux actions mises en avant par le passé simple. Il convient aux descriptions et aux portraits. Il peut aussi souligner la répétition ou l'habitude.

1 Réécriture

1. **Surlignez, dans les phrases ci-dessous, les verbes conjugués à l'imparfait.** (1 point)

2. **Récrivez les phrases au passé simple.** (2 points)

a) Le train filait à travers la campagne. ....

b) J'envisageais son départ avec appréhension. ....

c) Ce jour-là, elles finissaient leur travail à 19 heures. ....

d) Nous apprécions les douceurs de la table. ....

2 Analyse

1. **Dans le texte suivant, mettez les verbes entre parenthèses à l'imparfait ou au passé simple.** (3 points)

2. **Pourquoi serait-il absurde d'écrire l'ensemble de l'extrait à l'imparfait ?** (1 point)

....

Le soir, Marie (venir : ....) me chercher et me (demander : ....) si je (vouloir : ....) me marier avec elle. Je (dire : ....) que cela m'(être : ....) égal et que nous pourrions le faire si elle le (désirer : ....). Elle (vouloir : ....) alors savoir si je l'(aimer : ....). Je (répondre : ....) que cela ne (signifier : ....) rien.

D'après Albert Camus, *L'Étranger*, 1942.

3 Appropriation

Observez attentivement le tableau. Décrivez ensuite ce que vous voyez en utilisant l'imparfait. (3 points)

Description : Il faisait sombre, ce soir-là, dans le compartiment C de la voiture 93. Une femme était assise, seule près de l'allée centrale, en train de ....

....

....

....

....

....

....

Edward Hopper, *Compartiment C, voiture 193*, 1938.

B Les temps du passé : les temps composés

Repères Le **passé composé**, le **plus-que-parfait** et le **passé antérieur** présentent les faits comme s'étant déroulés **avant** ceux évoqués par les formes simples. On dit qu'ils **marquent l'antériorité** d'une action passée sur une autre action passée. Les temps composés se conjuguent au moyen de **l'auxiliaire « être » ou « avoir », suivi du participe passé du verbe**.

4 Recherche

Complétez le tableau. (3 points)

Imparfait	Passé simple	Passé composé	Plus-que-parfait	Passé antérieur
Elle venait	Elle vint	Elle est venue	Elle était venue	Elle fut venue
Je vivais	Je vécus	J'ai vécu	....	....
Nous parlions	....	....	....	....
Tu courais	....	....	....	....
....	Vous rêvâtes	....	....	....
....	....	....	....	Elles eurent dormi

5 Repérage

Soulignez les verbes conjugués : temps simples ou temps composés. (2 points)

Elle avait ouï parler de ce prince à tout le monde comme ce qu'il y avait de mieux fait et de plus agréable à la Cour. (Mme de Lafayette)

Elle était assise, au milieu du banc, toute seule ; ou du moins il ne distingua personne, dans l'éblouissement que lui envoyèrent ses yeux. (Flaubert)

Or, ce joujou, que le petit souillon agaçait, agitait et secouait dans une boîte grillée, c'était un rat vivant ! Les parents, par économie sans doute, avaient tiré le joujou de la vie elle-même. (Baudelaire)

Et si je ne sais plus tout ce que j'ai vécu, c'est que tes yeux ne m'ont pas toujours vu. (Éluard)

6 Appropriation

1. Quels sont les temps verbaux utilisés dans les bulles de la seconde vignette de cette bande dessinée ? Pourquoi ? (2 points)

....

....

....

....

....

....

Xavier Coste, *Rimbaud l'indésirable*, Éd. Casterman, 2013.

2. Poursuivez le récit en imaginant le passé du personnage. Vous utiliserez le plus-que-parfait pour marquer l'antériorité de l'histoire racontée. (3 points)

....

....

....

BILAN .... / 20

16 L'utilisation d'une citation

2de 1re

« La citation est à la littérature ce que la rondelle est au saucisson ».
Daniel Piccouly, romancier.

A La citation : définition

Repères Une citation est la reproduction exacte des paroles ou des écrits d'un autre. Elle met en valeur vos connaissances littéraires et vos lectures. S'appuyer sur une bonne citation permet d'illustrer avec efficacité un propos, et de creuser la réflexion sur une idée.

1 Découverte

Parmi ces citations, laquelle pourriez-vous utiliser pour évoquer les plaisirs de la lecture ? Justifiez votre réponse. (3 points)

....

....

....

A. « La lecture encombre la mémoire et empêche de penser. » (Wells)

B. « La lecture, une porte ouverte sur un monde enchanté. » (Mauriac)

C. « Si les livres ne correspondent pas à notre humeur présente, nous ne les trouvons pas bons. » (Cocteau)

2 Repérage

Surlignez dans le texte suivant le passage que vous choisiriez pour illustrer un paragraphe d'essai sur les dangers des nouvelles technologies. (2 points)

Apple connut, grâce à l'écran tactile de l'iPhone, le plus spectaculaire de ses succès commerciaux. Le Web 2.0 était comme un nouvel organe humain, comme un corps plus léger, comme un cerveau immense. La fuite en avant technologique n'était pas vécue comme un mouvement tragique. Grâce au Web 2.0, l'homme, être égoïste et borné, était devenu un animal intrinsèquement social.

Aurélien Bellanger, *La Théorie de l'information*, Éd. Gallimard, 2012.

B La présentation de la citation

Repères Si la citation est présentée après le signe deux points, les sources sont alors indiquées entre parenthèses. Si la citation est signalée par un verbe introductif (*déclarer, expliquer, affirmer, écrire, confier, remarquer, ajouter, préciser*, etc.), celui-ci peut être placé avant ou après la citation. Une préposition indique alors la source de la citation : *chez, pour, selon, d'après...* Une citation doit toujours être analysée.

3 Analyse

1. **Surlignez les citations et le nom de leur auteur. Entourez les verbes de parole. (1 point)**

2. **Quelles fonctions les citations occupent-elles dans ce paragraphe de dissertation ? (2 points)**

....

3. **Par quoi sont-elles suivies ? (2 points)**

....

....

Au XIXe siècle, les écrivains réalistes inventent des personnages proches de la réalité, dans lesquels le lecteur se retrouve : « Le premier homme qui passe est un héros suffisant », déclare Émile Zola. Il veut dire par-là que les héros ne sont pas forcément des êtres exceptionnels.

Le héros réaliste est en effet un homme ou une femme ordinaire. On découvre ainsi dans les nouvelles de Guy de Maupassant des êtres banals : « Il était donc parti, muni de papiers et de certificats, avec sept francs dans sa poche ». Le lecteur découvre grâce à ce personnage errant la vie quotidienne au XIXe siècle.

C Le commentaire d'une citation

Repères Lorsqu'on cite un auteur ou un texte, il faut aussi **expliquer le sens** que la citation prend dans l'exercice demandé, **apporter des renseignements** utiles à sa compréhension ou **en faire l'analyse** littéraire. Le **commentaire** peut être développé **avant** ou **après la citation**.

4 Repérage

1. **Surlignez la citation choisie par l'élève pour développer ce paragraphe. (1 point)**

2. **Soulignez les mots à travers lesquels la citation est reformulée et expliquée. (1 point)**

Dans la préface de son *Journal extime*, l'écrivain Michel Tournier définit ainsi son projet autobiographique : « Les choses, les animaux et les gens du dehors m'ont toujours paru plus intéressants que mon propre miroir. » Il veut montrer par-là que l'autobiographie en tant que telle ne l'intéresse qu'à travers la vie des êtres qui l'entourent, sur lesquels il porte un regard attentif et curieux.

5 Appropriation

Présentez, sur une feuille à part, l'image ci-contre en citant le slogan qui y figure. Puis poursuivez en commentant l'association qui est faite entre le texte et l'image. (2 points)

6 Commentaire

Présentez et commentez cette citation, sur une feuille à part, sous la forme d'un court paragraphe rédigé. (2 points)

« La tragédie est si loin de nous, elle nous présente des êtres si gigantesques, si boursouflés, si chimériques que l'exemple de leurs vices n'est guère plus contagieux que celui de leurs vertus n'est utile. »

Jean-Jacques Rousseau, Lettre à d'Alembert sur les spectacles, 1758.

....

....

....

....

....

....

....

7 Appropriation

1. **Surlignez dans le texte la citation qui vous permettrait d'illustrer la thèse défendue par l'auteur. (1 point)**

2. **Reformulez cette thèse en une phrase. Rédigez ensuite, sur une feuille à part, un paragraphe expliquant le point de vue de l'auteur, en y insérant votre citation et son commentaire. (3 points)**

L'exotisme du vingtième siècle est une bête subtile, il faut tendre ses filets assez haut pour l'attraper. Pour moi, j'obéirais volontiers à quelques règles. La première est celle du non-savoir. Rien n'est plus ennemi du sentiment exotique que l'érudition : préparer un déplacement, lire la notice de l'*Encyclopaedia Universalis* […] sur le pays convoité, voilà de quoi je me garderais. Je fais mine que le pays où je débarque a échappé par miracle à toute science. Dans cette direction, je m'avance assez loin.

Gilles Lapouge, *Pour une littérature voyageuse*, Éd. Complexe, 1992.

BILAN .... / 20

17 L'emploi des connecteurs

2de 1re

« Le raisonnement est aussi naturel à l'homme que le vol aux oiseaux. »
Quintilien, orateur romain (Ier siècle après J.-C.)

A Les connecteurs spatio-temporels

Repères **Les connecteurs spatiaux** ordonnent les éléments de l'espace. Ils indiquent **la profondeur** (au premier plan), **la position** (à gauche) ou **le déplacement** (vers). **Les connecteurs temporels** situent les événements les uns par rapport aux autres. Ils indiquent **la chronologie** (d'abord), **la fréquence** (quelquefois) ou **la durée** d'une action (longtemps).

1 Découverte

Classez les connecteurs suivants dans le tableau. (6 points)

après que, quelquefois, plus loin, sous, après cela, à droite, tous les ans, dans, à l'intérieur, lorsque, au-dessus, soudain, durant, la veille, au second plan, à l'ouest, subitement, finalement, à nos pieds, ici, plus tard, derrière, demain, toujours, en direction de, là, chaque semaine, au loin, ensuite.

	profondeur/chronologie	position/fréquence	déplacement/durée
connecteurs spatiaux	....	....	....
connecteurs temporels	....	....	....

B Les connecteurs d'énumération

Repères De nombreux connecteurs permettent de **classer les différentes étapes du discours**, en indiquant **l'addition** d'une idée à une autre. Ils organisent **l'argumentation**, **l'analyse**, **le commentaire** ou **l'explication** : *et, puis, en outre, de surcroît, d'ailleurs, voire, d'une part... d'autre part, d'un côté... de l'autre, par ailleurs, ensuite, premièrement, d'abord, en premier lieu, de plus, enfin, en dernier lieu*, etc.

2 Appropriation

1. Complétez l'organisation de ce paragraphe de réponse en y insérant des connecteurs d'énumération. (2 points)

2. Sur le même modèle et sur une feuille à part, rédigez un texte de présentation du plaidoyer, c'est-à-dire le discours que prononce un avocat au tribunal. (2 points)

Dans une oraison funèbre, l'orateur rappelle les qualités de la personne décédée. Il cherche (............................) à consoler sa famille et ses amis ; il tire (............................) une leçon morale sur la vanité de l'existence humaine. Pour frapper son auditoire, Bossuet utilise (........................) toutes les ressources de l'éloquence. (........................), il commence dans cette oraison funèbre par développer le champ lexical du tragique (« néant », « coup », « terrible »...). Il utilise (....................................) des figures de style, très nombreuses, qui viennent mettre en valeur ses idées. Par exemple, les parallélismes donnent du rythme au discours et insistent sur l'importance de certains faits.

C Les connecteurs logiques

Repères Les connecteurs logiques sont des **mots** ou des **locutions** qui **explicitent le rapport que l'on établit entre deux faits ou deux idées** : ils expriment l'**addition**, l'**opposition**, l'**explication**, la **concession**, la **cause** ou la **conséquence**, etc. Ils permettent ainsi de comprendre le déroulement de la pensée de l'auteur et **la logique interne du texte**.

3 Analyse

Classez les connecteurs logiques suivants dans le tableau. (4 points)

mais, en raison de, du fait de, sans doute, quoique, même si, vu que, cependant, en effet, car, parce que, puisque, en revanche, au contraire, or, si bien que, de sorte que, donc, alors que, ainsi, c'est pourquoi, à tel point que, certes, sous prétexte que, à cause de, comme, en conséquence, toutefois, pourtant.

opposition	cause	conséquence	concession

4 Reformulation

1. Surlignez les connecteurs logiques. (1 point)

2. Reformulez en une phrase le raisonnement de Pascal en utilisant le connecteur « par conséquent ». (2 points)

....

....

....

Dire la vérité est utile à celui à qui on la dit, mais désavantageux à ceux qui la disent, parce qu'ils se font haïr. Or, ceux qui vivent avec les princes aiment mieux leurs intérêts que celui du prince qu'ils servent ; et ainsi, ils n'ont garde de[1] lui procurer un avantage en se nuisant à eux-mêmes.

Blaise Pascal, *Pensées*, 1669.

1. Ils n'ont garde de : ils évitent de.

5 Analyse

1. Surlignez les connecteurs logiques utilisés par le personnage. À partir de quel connecteur le raisonnement évolue-t-il ? (1 point)

....

....

2. En quoi cette utilisation rend-elle le discours plus convaincant ? (2 points)

....

....

....

....

....

Candide et son ami Cacambo ont été faits prisonnier en Amérique par les Indiens Oreillons.

Messieurs, dit Cacambo, vous comptez donc manger aujourd'hui un jésuite[1] ? C'est très bien fait ; rien n'est plus juste que de traiter ainsi ses ennemis. En effet le droit naturel nous enseigne à tuer notre prochain, et c'est ainsi qu'on en agit dans toute la terre. Si nous n'usons pas du droit de le manger, c'est que nous avons d'ailleurs[2] de quoi faire bonne chère ; mais vous n'avez pas les mêmes ressources que nous : certainement il vaut mieux manger ses ennemis que d'abandonner aux corbeaux et aux corneilles le fruit de sa victoire. Mais, messieurs, vous ne voudriez pas manger vos amis. Vous croyez aller mettre un jésuite en broche, et c'est votre défenseur, c'est l'ennemi de vos ennemis que vous allez rôtir. Pour moi, je suis né dans votre pays ; monsieur que vous voyez est mon maître, et bien loin d'être jésuite, il vient de tuer un jésuite, il en porte les dépouilles ; voilà le sujet de votre méprise.

Voltaire, *Candide*, 1759.

1. Un jésuite : missionnaire de l'ordre des jésuites, chargés de répandre la religion chrétienne dans le Nouveau monde. **2.** D'ailleurs : de notre côté.

BILAN .... / 20

18 Les images poétiques

2de 1re

« Qu'est-ce que la poésie ? Une pensée dans une image. »
Goethe, poète romantique allemand.

A La comparaison

Repères La comparaison **associe** deux termes – **le comparant et le comparé** – autour d'un **élément commun** qui fonde leur ressemblance. Elle utilise pour cela un **mot outil** (*comme, tel que, sembler*, etc.). Les termes comparés peuvent appartenir à **un même domaine**, qui les mesure **l'un par rapport à l'autre** : *Il est aussi fort que son père*. Ils peuvent aussi appartenir à **des domaines différents** qui, mis sur le même plan, suscitent **une image** : *Il est fort comme un bœuf*.

1 Repérage

1. **Repérez le comparé, le comparant et l'outil de comparaison.** (3 points)

2. **Pourquoi peut-on dire que les comparaisons transfigurent la réalité ?** (1 point)

....

Le ciel n'est pas plus pur que le fond de mon cœur. (Racine)

Et quand sur la mer il fera noir,
Tes beaux yeux seront mes deux étoiles. (Richepin)

Elle semblait effarée comme un oiseau pris au filet et que le chasseur emporte. (Maupassant)

Il vit l'aube rouer comme un paon au-dessus des montagnes. (Giono)

Il s'amusait d'un petit crabe follement téméraire qui dressait vers lui ses deux pinces inégales, comme un spadassin son glaive et son épée. (Tournier)

Mon cœur, comme un oiseau,
voltigeait tout joyeux. (Baudelaire)

Le jour s'est déplié comme une nappe blanche. (Reverdy)

B La métaphore

Repères La métaphore établit **un rapprochement entre un comparant et un comparé**, mais **sans** utiliser d'**outil de comparaison**. Elle suggère **un point commun** entre les deux termes : « Un roman est un miroir qui se promène sur une grande route » (Stendhal). Elle crée **une image poétique** en transfigurant la réalité décrite.

2 Analyse

1. **Surlignez le comparé et le comparant dans les métaphores suivantes.** (2 points)

2. **Indiquez à chaque fois quel point commun justifie leur rapprochement.** (4 points)

a) Les petits arbres ne donnent que des miettes d'ombre. (Simenon)

....

b) Icebergs, Icebergs, cathédrales sans religion de l'hiver éternel. (Michaux)

....

c) Notre cœur est un instrument incomplet, une lyre où il manque des cordes. (Chateaubriand)

....

d) Mes paroles ont plu sur toi en te caressant. (Pablo Neruda)

....

C La métaphore filée

Repères On parle de métaphore filée lorsqu'**une comparaison** se développe au moyen d'**une suite de métaphores sur le même thème**. La première engendre les autres, construites à partir du **même comparant** et établissant ainsi des **réseaux lexicaux** au fil du texte.

3 Découverte

1. Quels thèmes le premier vers de la tirade annonce-t-il ? (1 point)

....

2. Quels champs lexicaux le comparé et le comparant développent-ils ? Surlignez les termes qui les composent. (1 point)

....

Moi, c'est moralement que j'ai mes élégances.
Je ne m'attife pas ainsi qu'un freluquet,
Mais je suis plus coquet si je suis moins soigné ;
Je ne sortirais pas avec, par négligence,
Un affront pas très bien lavé, la conscience
Jaune encore de sommeil dans le coin de son œil
Un honneur chiffonné, des scrupules en deuil.

Edmond Rostand, *Cyrano de Bergerac*, 1897.

4 Analyse

1. Surlignez les termes qui constituent la métaphore filée. (1 point)

2. Complétez l'analyse proposée. (2 points)

Ma jeunesse ne fut qu'un ténébreux orage,
Traversé çà et là par de brillants soleils ;
Le tonnerre et la pluie ont fait un tel ravage,
Qu'il reste en mon jardin bien peu de fruits vermeils.

Charles Baudelaire, « L'Orage », *Les Fleurs du mal*, 1857.

Analyse : Dans ce quatrain, Baudelaire évoque sa .... au moyen d'une .... Il développe ainsi le champ lexical du .... pour montrer au lecteur les conséquences des événements qu'il a vécus. Le vers 1 évoque d'abord un « .... », rappelé au vers 3 par les mots « .... » et « .... ». Seul le vers 2 confie au lecteur les moments de bonheur vécus, comparés à « .... ». Le poète donne en définitive une vision .... de sa jeunesse à travers ce jeu sur les ....

D La personnification et l'allégorie

Repères Lorsqu'elle prête **des sentiments et des comportements humains** à un objet, à un être inanimé ou à une abstraction, la métaphore est **une personnification**. **L'allégorie** rend concrète **une idée abstraite** en lui donnant **la forme d'un être vivant** qui la représente par son apparence, ses comportements, ses gestes.

5 Repérage

1. Surlignez la notion abstraite personnifiée dans chaque extrait. (1 point)

2. Surlignez les termes de la métaphore filée que chaque allégorie développe. (1 point)

3. Expliquez les expressions en italique. (3 points)

a) Quand les chevaux du Temps s'arrêtent à ma porte
J'hésite un peu toujours à les regarder boire
Puisque *c'est de mon sang qu'ils étanchent leur soif.*
(Jules Supervielle)

....

b) Le Malheur, *mon grand laboureur*,
Le Malheur, assois-toi,
Repose-toi,
Reposons-nous un peu toi et moi (Henri Michaux,)

....

c) Je vis cette faucheuse. Elle était dans son champ.
Elle allait à grands pas moissonnant et fauchant,
Noir squelette laissant passer le crépuscule. (Hugo)

....

BILAN .... / 20

19 Les figures d'insistance

2de 1re

« Le style n'est que l'ordre et le mouvement qu'on met dans ses pensées. »

Buffon, écrivain et naturaliste français.

A L'énumération

Repères L'énumération fait **se succéder**, comme dans un inventaire, **des termes de même nature et de même fonction** pour produire un effet d'**abondance**, de **désordre** ou de **chaos**. Cette figure de style est souvent mise en œuvre dans les **descriptions** et les **portraits**.

1 Découverte

1. Surlignez les énumérations dans chaque extrait. (1 point)
2. Quelle impression l'emploi de cette figure de style crée-t-elle ? (1 point)

Extrait 1	Extrait 2
Une femme à genoux prie, et songe, et pâlit. C'est la mère. Elle est seule. Et dehors, blanc d'écume, Au ciel, aux vents, aux rocs, à la nuit, à la brume, Le sinistre océan jette son noir sanglot. (Victor Hugo) **Impression :**	À droite, à gauche, de tous côtés, des glapissements de criée mettaient des notes aiguës de petite flûte, au milieu des basses sourdes de la foule. C'était la marée, c'étaient les beurres, c'était la volaille, c'était la viande. (Émile Zola) **Impression :** ....

B L'anaphore

Repères L'anaphore **répète volontairement** un mot ou un groupe de mots **en tête de phrase**, de **vers** ou de **paragraphe** pour renforcer, par le rythme, un **effet incantatoire**, **mélodique** ou **persuasif**.

2 Repérage

Surlignez les termes répétés par l'anaphore. Pourquoi peut-on dire que l'anaphore produit un effet mélodique ? (1 point)

....

....

....

J'ai vu lever le jour, j'ai vu
lever le soir
J'ai vu grêler, tonner, éclairer
et pleuvoir
J'ai vu peuples et rois,
et depuis vingt années
J'ai vu presque la France au
bout de ses journées.
(Ronsard)

3 Appropriation

1. Dans le texte ci-dessous, à quels endroits l'expression en italique pourrait-elle être répétée pour former une anaphore ? Marquez-les au moyen d'une croix. (1 point)

2. Quel peut être selon vous l'intérêt de cette figure de style ? (3 points)
– dans une préface : ....
– dans un discours politique : ....
– dans une publicité : ....

3. Sur le même modèle, sur une feuille à part, poursuivez ce début d'une préface sur le roman contemporain. (3 points)

Le texte à observer : *Je vous dirai pourquoi j'ai éprouvé le besoin* de raconter ma vie, de mettre au jour mes sentiments et mes émotions les plus intimes, de dévoiler mes secrets, de porter un jugement juste et parfois sévère sur mes semblables en écrivant cette autobiographie.

Début de préface : J'ai voulu raconter ....

....

C Le parallélisme

Repères Le parallélisme se présente comme la **reprise d'une structure syntaxique**. L'auteur reprend la **même construction de phrase** (AB/AB) pour accentuer **une similitude ou une opposition**, tout en donnant un **rythme binaire** à l'énoncé :
J'ai **tendresse** pour **toi**, j'ai **passion** pour **elle**. (Corneille).

4 Découverte

Repérez les parallélismes de construction. Indiquez ce que le parallélisme met chaque fois en valeur. (2 points)

a) Contre vous, contre moi, vainement je m'éprouve :
Présente je vous fuis, absente je vous trouve. (Racine)

Effet recherché : ....

b) Et jamais je ne pleure et jamais je ne ris. (Baudelaire)

Effet recherché : ....

c) Leur désespoir était d'autant plus amer qu'ils allaient ainsi plus rapidement là où les portait leur véritable destinée. Lucien avait beaucoup lu, beaucoup comparé ; David avait beaucoup pensé, beaucoup médité. (Balzac)

Effet recherché : ....

d) Je meurs si je vous perds mais je meurs si j'attends (Racine)

Effet recherché : ....

D L'accumulation et la gradation d'intensité

Repères L'**accumulation** place dans une même phrase une **série de termes** qui soulignent la **profusion** ou le **désordre**. La **gradation** fait se succéder des **termes d'intensité croissante ou décroissante** qui **dramatisent** le discours :
Je me **meurs**, je suis **mort**, je suis **enterré** ! (Molière)

5 Repérage

1. Surlignez les termes qui composent les gradations ou les accumulations. (1 point)

2. Sur quel thème chaque énoncé insiste-t-il ? (4 points)

a) Va, cours, vole, et nous venge. (Corneille)

Thème : ....

b) Un souffle, une ombre, un rien, tout lui donnait la fièvre. (La Fontaine)

Thème : ....

c) Pour expliquer combien ce mobilier est vieux, crevassé, pourri, tremblant, rongé, manchot, borgne, invalide, expirant, il faudrait en faire une description qui retarderait trop l'intérêt de cette histoire, et que les gens pressés ne pardonneraient pas. (Balzac)

Thème : ....

d) Pierre marchait au milieu de ces gens, plus perdu, plus séparé d'eux, plus isolé, plus noyé, dans sa pensée torturante, que si on l'avait jeté à la mer du pont d'un navire. (Maupassant)

Thème : ....

6 Commentaire

Surlignez les différentes figures de style suivantes : gradation, parallélisme, anaphore. Puis complétez le paragraphe de commentaire. (3 points)

Tant que les trois problèmes du siècle, la dégradation de l'homme par le prolétariat, la déchéance de la femme par la faim, l'atrophie de l'enfant par la nuit, ne seront pas résolus ; tant que, dans de certaines régions, l'asphyxie sociale sera possible ; en d'autres termes, et à un point de vue plus étendu encore, tant qu'il y aura sur la terre ignorance et misère, des livres de la nature de celui-ci pourront ne pas être inutiles.

Victor Hugo, Lettre à l'éditeur des *Misérables*, 1862.

Dans sa lettre, Victor Hugo défend l'idée selon laquelle la .... est en mesure de dénoncer .... L'écrivain développe son argumentation. D'abord à travers l'anaphore de « .... » qui crée un effet .... sur la permanence honteuse des .... Ensuite, à travers la gradation (« .... », « .... », « .... ») qui annonce la thèse défendue.

BILAN .... / 20

20 Les figures d'opposition, d'amplification et d'atténuation

2de 1re

« L'hyperbole exprime au-delà de la vérité pour ramener l'esprit à la mieux connaître. »

Jean de La Bruyère, écrivain et moraliste.

A L'antithèse

Repères Les figures de l'opposition **rapprochent** dans un même énoncé **des termes** dont le sens est **opposé**. Elles créent un **effet de symétrie** entre deux situations, deux personnages, ou deux idées.

1 Découverte

Surlignez les antithèses dans les titres d'œuvres suivants. (3 points)

Jean-qui-rit et Jean-qui-pleure (comtesse de Ségur)

Splendeurs et Misères des courtisanes (Balzac)

Moha-le-fou, Moha-le-sage (Ben Jelloun)

Les Rayons et les Ombres (Hugo)

B Le chiasme

Repères Le chiasme **met en parallèle deux expressions** dont les éléments syntaxiques ou lexicaux sont **inversés** dans la seconde (AB/BA). Il crée un effet d'**union** ou d'**opposition** : La parole est la pensée extérieure, la pensée est la parole intérieure (Rivarol)

2 Repérage

Surlignez les chiasmes dans les énoncés suivants. Pourquoi peut-on dire que les éléments surlignés sont placés en miroir ? (3 points)

....

Et osent les vaincus les vainqueurs dédaigner (Du Bellay)

Jeune homme on te maudit, on t'adore vieillard. (Hugo)

J'ai appris qu'une vie ne vaut rien mais que rien ne vaut une vie. (Malraux)

C L'oxymore

Repères L'oxymore **juxtapose deux mots contradictoires** au sein d'un même groupe grammatical, pour faire surgir **une réalité nouvelle et inattendue**. Il crée un **effet poétique** : Cette obscure clarté qui tombe des étoiles. (Corneille)

3 Réécriture

Récrivez ces oxymores en inversant leur sens au moyen d'antonymes. (4 points)

a) Un bonheur insupportable
Réécriture : *Un malheur bienfaisant*

b) Un silence éloquent
Réécriture : ....

c) Une douce violence
Réécriture : ....

d) Une sublime horreur
Réécriture : ....

e) Une ardente patience
Réécriture : ....

D L'hyperbole

Repères L'hyperbole est une figure d'amplification. En effet, elle exprime une perception vécue ou un sentiment éprouvé, en les grossissant à l'extrême, pour frapper les esprits ou par ironie. Elle est très présente dans le langage familier.

4 Analyse

1. **Surlignez les hyperboles.** (1 point)

2. **Expliquez en une phrase pourquoi ces expressions populaires sont des hyperboles.** (2 points)

a) Je suis mort de rire.

b) Il est devenu fou de rage.

c) Elle est trempée jusqu'aux os.

d) Je te l'ai déjà dit mille fois.

Le sens des phrases est amplifiés, exagéré, intensifier la realité

5 Appropriation

Expliquez comment le publicitaire utilise l'hyperbole dans l'image ci-contre. (1 point)

la taille du chat est exagrée, ce n'est pas realiste, pour le mettre en avant, et l'allergie → donc allergie> que l'homme

E L'euphémisme et la litote

Repères L'euphémisme consiste à utiliser un mot ou une expression faible pour adoucir la réalité. À l'inverse, la litote consiste à en dire moins pour signifier plus. Le célèbre « Va, je ne te hais point » de Corneille signifie : « je t'aime toujours » et suggère, plus encore : « je t'aime avec passion ! » Ce sont des figures d'atténuation.

6 Analyse

1. **Surlignez les euphémismes dans les citations.** (1 point)

2. **À quelle réalité commune renvoient ces euphémismes ?** (1 point)

Le temps qui passe

3. **Quel est l'effet recherché ?** (1 point)

Le temps s'en va, le temps s'en va, ma Dame ;
Las ! le temps, non, mais nous nous en allons,
Et tôt serons étendus sous la lame. (Ronsard)

synecdoque

Dormir… enfin ! Je vais dormir. (Musset)

Allons ! Il est bien temps que je désemplisse le monde. (Hugo)

7 Découverte

1. **Que signifient ces expressions ?** (2 points)

a) Il n'a pas inventé l'eau tiède :

b) Le courage n'est pas son fort :

c) Ça ne sent pas la rose ! :

2. **Surlignez la litote utilisée par le fabuliste.**
À travers quels termes est-elle renforcée ? (1 point)

Ce n'était pas un sot, non, non, et croyez-m'en,
Que le chien de Jean de Nivelle (La Fontaine)

BILAN .... / 20

21 Les figures de substitution

2de 1re

« L'éloquence est née avant les règles de la rhétorique, comme les langues se sont formées avant la grammaire. »
Voltaire, écrivain-philosophe.

A La métonymie

Repères Elle consiste à **remplacer le terme attendu par autre**, moins prévisible. Les deux mots ont entre eux **une relation logique** (d'appartenance, d'origine, de contiguïté) immédiatement **interprétable**. La métonymie permet **un raccourci d'expression**.

1 Découverte

Surlignez les métonymies. Associez chacune à sa justification. (3 points)

La métonymie	La relation d'appartenance
J'ai mangé toute mon assiette	*le lieu pour ses habitants*
Ton frère est un cordon bleu	*l'objet par sa cause*
Tout Paris était dans la rue	*le contenant pour le contenu*
Avez-vous du feu ?	*l'objet par son symbole*
Il est devenu premier violon	*l'instrument pour son utilisateur*
Aimer le bourgogne	*le lieu pour un produit*
Hériter d'un Van Gogh	*l'artiste pour son œuvre*

2 Analyse

Surlignez les métonymies. Expliquez chacune en quelques mots. (3 points)

a) Elle nous quitta pour la tombe. (Hugo)

il symbolise la mort par la tombe

b) Rodrigue, as-tu du cœur ? (Corneille)

il symbolise l'objet par son symbole

c) Les gros bureaux bouffis traînaient leurs grosses dames. (Rimbaud)

....

B La synecdoque

Repères **Elle** est une forme particulière de métonymie qui **désigne un être ou un objet par un mot qui désigne une partie de cet être ou de cet objet**. La synecdoque donne une **vision fragmentée** de la réalité.

3 Découverte

1. Surlignez les synecdoques dans les phrases ci-dessous. (1 point)

2. Indiquez entre parenthèses à quelle réalité elles renvoient. (2 points)

a) Nous aperçûmes trente voiles. (........................)

b) Il a trouvé un toit. (........................)

c) Les deux-roues circulent mieux. (........................
........................)

d) Lyon et Saint-Etienne ont fait nul. (........................
........................)

e) On n'entendait que les cuivres. (........................
........................)

4 Appropriation

Quelle est la cause mise en avant par le slogan pour justifier le sommeil de l'enfant ? Expliquez, sur une feuille à part, comment le publicitaire utilise la métonymie pour mettre en avant son produit. (2 points)

C La périphrase

Repères Cette figure de style consiste à **désigner un objet par une expression qui le caractérise**, en précise ou en développe le sens. L'emploi d'une périphrase attire l'attention sur **une qualité particulière de l'objet** et permet souvent d'**éviter une répétition**.

5 Découverte

1. Associez chaque périphrase au mot qu'elle remplace. (3 points)

La périphrase	Ce qu'elle désigne
L'auteur de *La Comédie humaine* •	• *le pétrole*
La ville Lumière •	• *la mort*
Le royaume du néant •	• *Paris*
La cité phocéenne •	• *Marseille*
Le plancher des vaches •	• *la Terre*
L'or noir •	• *Balzac*

2. Par quelle périphrase pourriez-vous désigner (2 points)

a) Voltaire : ....

b) L'Amérique : ....

c) La langue française : ....

d) La télévision : ....

D L'antiphrase

Repères Ce procédé consiste à **dire le contraire de ce qu'on veut faire entendre**, en ne laissant aucun doute sur l'intention de sens. Dans le cas de l'**ironie**, il s'agit de **faire entendre un jugement** négatif en énonçant quelque chose de positif.

6 Découverte

Que signifient en réalité ces antiphrases ? (1 point)

a) Ne vous gênez pas ! ....

b) C'est du joli ! ....

c) Ça sent vraiment la rose ici. ....

d) C'est malin ! ....

7 Analyse

1. Dans l'extrait, surlignez les termes élogieux utilisés par l'auteur. Que désignent-ils ? (1 point)

....

2. Quel mot s'oppose aux termes surlignés ? (1 point)

....

3. Pourquoi peut-on parler d'ironie dans ce passage ? (1 point)

....

4. Quelle est la thèse défendue ?

....

> Rien n'était si beau, si leste, si brillant, si bien ordonné que les deux armées. Les trompettes, les fifres, les hautbois, les tambours, les canons, formaient une harmonie telle qu'il n'y en eut jamais en enfer.
>
> Voltaire, *Candide*, 1759.

BILAN .... / 20

22 Les classes grammaticales

2de

« Je regarde la grammaire comme la première partie de l'art de penser. »
Condillac, philosophe et économiste.

A Le nom et ses déterminants

Repères **Le nom** désigne **un être**, **un objet** ou **une idée**. Il possède **un genre fixe** (féminin ou masculin) et peut **varier en nombre**. **Les déterminants** se placent devant le nom. Associés, le nom et son déterminant forment **un groupe nominal**.

1 Repérage

Identifiez les noms et leur déterminant dans les phrases suivantes. (3 points)

a) La vie est douce au soleil.
b) Leurs conseils ont été utiles.
c) Il lui a offert des fleurs.
d) Ils ont traversé toute la France.
e) Aucune chance de rater l'avion !
f) L'ascenseur est couvert de tags.

B Les adjectifs

Repères Les **adjectifs qualificatifs** accompagnent le nom en lui attribuant **des qualités**. Les **adjectifs indéfinis** apportent **une précision** sur le nom (*quelques* personnes ; *chaque* homme ; un *certain* monsieur). Les **adjectifs interrogatifs** (*Quelle* heure est-il ?) précisent **une question** ; les **adjectifs exclamatifs**, **un sentiment** (*Quel* gâchis !). Tous **varient en genre et en nombre**, en fonction du nom qu'ils accompagnent.

2 Repérage

1. Précisez la nature des adjectifs en les surlignant de couleurs différentes : qualificatifs, indéfinis, interrogatifs ou exclamatifs. (2 points)

2. Encadrez le nom avec lequel les adjectifs s'accordent. (1 point)

Il ont rencontré un certain Bernard – Quelle aventure ! – Les enfants avaient le visage écarlate – Le bouquet final était parfait – Je ne trouve aucun dossier à votre nom – C'est la nouvelle année – Certaines personnes ne l'apprécient pas.

C Les pronoms

Repères **Les pronoms remplacent un nom** ou un groupe nominal. Les **pronoms personnels** désignent la personne qui parle (*je, nous*), celle à qui on parle (*tu, vous*), ou la personne ou l'objet dont on parle (*il, elle, lui, eux, elles*). Ils peuvent aussi être **indéfinis** (*On* le dit ; *Beaucoup* le pensent), **démonstratifs** (Je veux *celui-là*), **possessifs** (*mon* maillot), **interrogatifs** (*Qui* vient ?) ou **relatifs** (La fille *dont* je t'ai parlé).

3 Réécriture

1. Identifiez les pronoms qui renvoient au narrateur, ceux qui renvoient à son père. Repérez les autres pronoms utilisés. (1 point)

2. Sur une feuille à part, récrivez le texte en inversant les pronoms. C'est le père qui raconte la scène, à la première personne. (3 points)

Il marchait entre un vieux monsieur distingué, un physicien, je crois, et un religieux vêtu d'une soutane blanche. Moi, je suivais en trottant. Je voyais les mains de mon père, qu'il tenait dans son dos. L'une d'elles jouait avec une balle de tennis qu'il avait ramassée au détour d'une allée. Les échanges d'idées, le bruit de leur causerie que je ne comprenais pas tombaient vers moi.

Pascal Jardin, *Le Nain jaune*, Éd. Julliard, 1997.

D Le verbe

Repères Il évoque une action (*danser*) ou un état (*être, sembler*). Le radical est la partie du verbe qui exprime son sens. La terminaison permet de reconnaître la personne, le temps et le mode du verbe : *je chante, tu chantais, qu'il chante.*

4 Repérage

Repérez les verbes. Soulignez les groupes nominaux avec lesquels ils s'accordent. Interrogez-vous : quels sont les temps et les modes utilisés dans le texte ? Justifiez leur emploi. (3 points)

La lune à son premier quartier éclairait une partie du ciel, et un brouillard flottait comme une écharpe sur les sinuosités de la Touques. Des bœufs, étendus au milieu du gazon, regardaient tranquillement ces quatre personnes passer. Quelques-uns se levèrent puis se mirent en rond devant elles.
« Ne craignez rien ! » dit Félicité ; elle flatta sur l'échine celui qui se trouvait le plus près ; il fit volte-face, les autres aussi. Mais quand l'herbage suivant fut traversé, un beuglement formidable s'éleva. C'était un taureau, que cachait le brouillard.

Gustave Flaubert, *Trois contes*, 1877.

E Les mots invariables

Repères Les adverbes nuancent le sens du verbe ou de l'adjectif : *très, beaucoup, méchamment, loin*… Les prépositions relient les mots entre eux : *à, par, sous, avec*… Les conjonctions de coordination (*mais, ou, et, donc, or, ni, car*) relient deux termes, groupes de mots ou propositions de même nature. Les conjonctions de subordination introduisent des propositions subordonnées (*que, parce que*...).

5 Réécriture

Formez un adverbe à partir des adjectifs suivants. (2 points)

a) Méchant : ....

b) Fréquent : ....

c) Savant : ....

d) Énorme : ....

e) Obstiné : ....

6 Repérage

Repérez les adverbes et les conjonctions de coordination dans les phrases suivantes. (2 points)

a) Je me suis réveillé tôt et j'ai vite travaillé.

b) Je vous accompagnerais volontiers car j'ai envie de vous aider.

c) La sonnerie a retenti brusquement et a longtemps résonné.

d) Il vient souvent mais s'annonce toujours gentiment.

e) Ce que vous dites m'intéresse beaucoup mais vous devriez garder cela pour vous.

7 Repérage

Identifiez les conjonctions de subordination et les prépositions. (3 points)

a) Nous avons trouvé un chien de compagnie pour mon père.

b) Partez avant qu'il ne soit trop tard.

c) Rappelez sur son portable jusqu'à ce que vous obteniez une réponse.

d) L'enfant dessine sur ses cahiers en attendant que sa mère revienne.

e) En attendant que le film commence, allez vous promener dans la galerie marchande.

BILAN .... / 20

23

Les fonctions grammaticales

2de

« La littérature, c'est du chagrin dominé par la grammaire. »
Jean d'Ormesson, romancier français.

A Le groupe sujet

Repères Le sujet est à l'origine de l'action et règle l'accord du verbe, ainsi que d'autres éléments de la phrase : il est constitué d'un groupe nominal (*Les garçons* ne sont pas là), d'un pronom (*Ils* sont absents), d'un infinitif (*S'absenter* est mauvais) ou d'une subordonnée (*Qui va à la chasse* perd sa place).

1 Découverte

Identifiez les sujets. Encadrez les verbes. (3 points)

La fraîcheur embaumée des brises d'automne, la forte senteur des forêts, s'élevaient comme un nuage d'encens et enivraient les admirateurs de ce beau pays, qui contemplaient avec ravissement ses fleurs inconnues, sa végétation vigoureuse, sa verdure rivale de celle d'Angleterre, sa voisine, dont le nom est commun aux deux pays. Quelques bestiaux animaient cette scène déjà si dramatique.

Honoré de Balzac, *Les Chouans*, 1829.

B Les expansions du nom

Repères Le groupe nominal est formé autour d'un nom et d'un déterminant (*la boulangère*). Il peut être complété par une épithète (la *jolie* boulangère), une apposition (la boulangère, *mon amie*) ou un complément du nom (la boulangère *de mon quartier* ; la boulangère *que je préfère*).

2 Analyse

Identifiez la fonction des expansions du nom : épithète, apposition ou complément du nom. (4 points)

a) Une peau de bébé
b) La dentelle de Calais
c) Le lion, roi des animaux
d) Un beau métier
e) L'homme qui marchait dans la rue
f) Un café crème
g) Une lime à ongles
h) Une cuisine soignée
i) Du lait d'amandes douces
j) Une série passionnante
k) Le directeur de recherche
l) Le groupe dont je t'ai parlé

C Le COD et le COI

Repères Le groupe verbal se compose d'un verbe et de ses compléments : le Complément d'Objet Direct (Nous voyons *la mer*), le Complément d'Objet Indirect, introduit par une préposition (Ils ont changé *de train*). Le complément d'objet ne peut être supprimé de la phrase sans la rendre incompréhensible.

3 Repérage

Repérez les COD et les COI dans les phrases suivantes. Encadrez le verbe qu'ils complètent. (3 points)

Passe-moi le pain et le beurre.
Demande pardon à ton père.
Que veux-tu faire cet après-midi ?
Elle cultive un beau jardin et prend soin de ses plantations.
Commandez dès aujourd'hui votre article préféré et obtenez 15 % de remise.
J'aime prendre mon temps pour choisir un livre.

D L'attribut

Repères L'attribut précise la caractéristique du sujet (Il est nommé *délégué de classe*) ou du complément d'objet direct (Il le considérait comme *son frère*) par l'intermédiaire d'un verbe (*être, sembler, juger, trouver, appeler, estimer, nommer*...).

4 Découverte

Y a-t-il un attribut dans les phrases suivantes ? Si oui, indiquez s'il est attribut du sujet ou attribut du COD. (2 points)

a) Leur chien est gentil mais sale.
b) Charles ne ressemble pas du tout à son frère.
c) Je trouve cet exercice difficile.
d) Elle resta longtemps immobile.
e) Cette idée nous semble originale.
f) Nous trouvons son comportement ridicule.

E Le complément d'agent

Repères Le complément d'agent ne se trouve que lorsque la phrase est à la voix passive (Bérénice aime Titus ; Titus est aimé *de/par Bérénice*). Il correspond au sujet de la phrase à la voix active.

5 Réécriture

Récrivez les phrases suivantes à la voix passive en conservant le même temps. Attention aux accords ! (2 points)

a) Bill Gates est le créateur de Microsoft. ....
b) Les explorateurs ont découvert des peuples inconnus. ....
c) La mairie a tout organisé. ....
d) Le cyclone aurait dévasté les terres. ....

F Les compléments circonstanciels

Repères Ils complètent la phrase en précisant les circonstances de l'action (temps, lieu, cause, conséquence, manière…) : *À neuf heures*, nous aurons terminé. Il sera neuf heures *quand nous aurons terminé*. Les compléments circonstanciels peuvent être déplacés ou supprimés au sein de la phrase.

6 Repérage

Identifiez les compléments circonstanciels dans les phrases suivantes. Quelle est la circonstance ainsi précisée (temps, manière, cause...). (2 points)

a) Allez m'attendre devant le lycée.
b) J'irai te voir lundi.
c) Entrez sans frapper.
d) Il a accepté pour faire plaisir.
e) J'ai dû m'absenter pour ma santé.
f) Elle a couru à perdre haleine.

7 Réécriture

1. Identifiez les compléments circonstanciels de temps et les compléments circonstanciels de lieu. Sur une feuille à part, récrivez ensuite le texte en les supprimant afin de vérifier vos réponses. (3 points)

2. Interrogez-vous : quels éléments de la phrase demeurent ? Quelle est leur fonction grammaticale ? (1 point)

Dans les premiers jours de l'an VIII, au commencement de vendémiaire, ou, pour se conformer au calendrier actuel, vers la fin du mois de septembre 1799, une centaine de paysans et un assez grand nombre de bourgeois, partis le matin de Fougères pour se rendre à Mayenne, gravissaient la montagne de la Pèlerine, située à mi-chemin environ de Fougères à Ernée, petite ville où les voyageurs ont coutume de se reposer.

Honoré de Balzac, *Les Chouans*, 1829.

BILAN .... / 20

24 Le lexique

2de 1re

« Le vocabulaire est un riche pâturage de mots. »
Homère, poète grec.

A L'étymologie

Repères Après l'invasion de la Gaule, au Ier siècle avant J.-C., les habitants adoptent le latin parlé par les soldats. **Plus de 80 % des mots français sont d'origine latine.** Au fil des voyages et des échanges, le vocabulaire emprunte à l'arabe, l'espagnol, l'italien, l'anglais…

1 Recherche

Sur une feuille à part, notez trois mots français issus de chaque mot latin de la liste suivante. (3 points)

a) *altus* (haut) **b)** *animus* (esprit) **c)** *audio* (entendre)
d) *saluto* (saluer) **e)** *sectio* (action de couper) **f)** *novamen* (chose nouvelle)

2 Recherche

À partir du mot grec ci-dessous, trouvez un mot français – en général savant – qu'il a formé. (2 points)

phobos : crainte	....	logos : étude	....
pathos : souffrance	....	graphein : écrire	....

3 Réécriture

Retrouvez, derrière les expressions suivantes, des termes empruntés à une autre langue. (2 points)

a) jeu de ballon avec les pieds : .... **b)** verre à bière : ....
c) le fait d'enlever quelqu'un : .... **d)** stimulateur cardiaque : ....

B Les mots composés

Repères La **composition** consiste à former des mots nouveaux en associant des mots existants, soit **avec trait d'union** (*plate-forme*), soit **sans trait d'union** (*pomme de terre*), soit **en les fusionnant** en un seul élément (*portefeuille, vinaigre, bonhomme*).

4 Recherche

Trouvez des mots composés dont le deuxième terme est l'un des mots suivants. (3 points)

clef	....	mère	....
mouche	....	propre	....
avion	....	relief	....
chat	....	fort	....

C Les mots dérivés

Repères À partir d'un mot-radical, les préfixes et les suffixes permettent de fabriquer des mots de sens nouveaux (forme > formation > information). Le suffixe permet aussi de créer des mots appartenant à diverses classes grammaticales (forme > former > formel).

5 Application

1. Trouvez un mot se formant à l'aide du suffixe. (2 points)

a) *-able* (qui marque la possibilité) : ....

b) *-age* (qui indique une action) : ....

c) *-if* (qui souligne une qualité) : ....

d) *-erie* (qui indique un lieu) : ....

2. Trouvez un mot se formant à l'aide du préfixe. (2 points)

a) *in-* (qui prive de quelque chose) : ....

b) *trans-* (qui traverse, sépare) : ....

c) *re-* (qui indique la répétition) : ....

d) *co- com- con-* (qui indique l'union) : ....

6 Application

Associez le sens au préfixe qui convient. Illustrez chaque préfixe par un exemple de mot dérivé. (2 points)

très petit •	• ante	....
le temps •	• méga	....
très grand •	• micro	....
plusieurs •	• hyper	....
gigantesque •	• multi	....
avant •	• chrono	....

D Les synonymes et les antonymes

Repères Les mots sont synonymes lorsqu'ils ont un sens voisin. Les synonymes parfaits sont rares : *voir, regarder, observer, contempler, admirer* sont quasi-synonymes. Il y a une gradation de sens entre « voir » et « admirer ». Les antonymes sont des mots de même nature mais de sens opposé : *sympathie/antipathie ; amour/haine ; optimisme/pessimisme.*

7 Repérage

Surlignez, dans chaque liste de synonymes, le mot qui fait passer d'un sens positif à un sens négatif. (1 point)

- volonté – persévérance – opiniâtreté – obstination – entêtement – acharnement
- finesse – adresse – habileté – ruse – rouerie
- combatif – pugnace – agressif – belliqueux – hargneux
- précis – consciencieux – scrupuleux – méticuleux – pointilleux – vétilleux – tatillon

8 Recherche

Trouvez trois synonymes pour chacun des mots suivants. (3 points)

entendre	courage	dire	penser	début	idée

BILAN .... / 20

25 La construction de la phrase

2de

« Les phrases les plus lourdes ne sont pas toujours celles qui ont le plus de poids. »
Thomas Bernhard, dramaturge autrichien.

A Le verbe, noyau de la phrase

Repères Le noyau de la phrase est le verbe : on distingue **les verbes d'action** (sur la base de « faire ») et **les verbes d'état** (sur la base d'« être »). Toute la phrase s'organise autour du verbe.

1 Découverte

1. Encadrez le sujet de chaque verbe. (2 points)

2. Identifiez dans le texte **les verbes d'état** et **les verbes d'action**. (3 points)

Gauvain arriva au pied de l'échafaud. Il y monta. L'officier qui commandait les grenadiers l'y suivit. Il défit son épée et la remit à l'officier, il ôta sa cravate et la remit au bourreau. Il ressemblait à une vision. Jamais il n'avait apparu plus beau. Sa chevelure brune flottait au vent ; on ne coupait pas les cheveux alors. Son cou blanc faisait songer à une femme, et son œil héroïque et souverain faisait songer à un archange. Il était sur l'échafaud, rêveur.

Victor Hugo, *Quatre-vingt-treize*, 1874.

B La phrase sans verbe

Repères Elle permet des raccourcis, et elle est souvent **caractéristique d'un style oral** ou de **l'écriture journalistique**. Elle **prend appui sur un nom** (phrase nominale : « Après la pluie, le beau temps »), **un adjectif** (« Pas si bête ! »), **un adverbe** (« Trop tard… »), **un pronom** (« Qui ? »), **une interjection** (« Hein ? »).

2 Réécriture

Sur une feuille à part, transformez les phrases sans verbes en phrases verbales. (2 points)

a) L'économie menacée par le retour des tensions.

b) Nouvelle victoire des Parisiens : titre en vue.

c) Aux grands maux les grands remèdes.

d) Faute avouée, à moitié pardonnée.

C Les propositions indépendantes

Repères **La phrase simple** ne comprend qu'**une seule proposition** : un groupe sujet + un groupe verbal + d'éventuels groupes circonstanciels. **La phrase complexe** peut être constituée de **plusieurs propositions indépendantes** : elles sont **coordonnées** (reliées par une conjonction de coordination) ou **juxtaposées** (séparées par un signe de ponctuation faible).

3 Réécriture

Repérez les verbes dans les phrases suivantes. Indiquez entre parenthèses si elles sont des phrases simples (1), des propositions coordonnées (2) ou des propositions juxtaposées (3). (3 points)

a) Il faisait chaud ; tout le monde avait soif. (........) **b)** Le monde entier observait l'explorateur. (........)
c) Tout était neuf et l'ensemble avait fière allure. (........) **d)** Le temps se figeait : chaque seconde semblait éternelle. (........) **e)** Le pilote de l'avion a préféré atterrir car le temps se couvrait. (........)

D La proposition principale et les subordonnées

Repères Au sein d'une phrase complexe, une ou **plusieurs propositions peuvent dépendre d'une proposition principale**. On dit alors qu'**elles sont subordonnées**, **car reliées par une conjonction de subordination** (*que, parce que, pour que, de sorte que…*) ou par un pronom relatif (*qui, dont, où, lequel…*).

4 Réécriture

Transformez chaque couple de propositions indépendantes en une seule phrase complexe introduite par « que ». Comment appelle-t-on les subordonnées ? (2 points)

a) On vient de nous avertir : tous les vols sont annulés.

……………………………………………………………………………………

b) Je l'ai bien remarqué : vous n'êtes plus aussi confiant.

……………………………………………………………………………………

c) Il classe ses dossiers dans des pochettes et les met ensuite dans un coffre-fort.

……………………………………………………………………………………

5 Repérage

1. Encadrez les conjonctions de subordination et les pronoms relatifs. (1 point)

2. Identifiez les verbes des propositions principales et les verbes des propositions subordonnées. (1 point)

Je m'étonne énormément de l'opinion de certains hommes qui ne veulent pas que leurs filles, leur femme ou leurs parentes étudient les sciences parce que leurs mœurs en deviendraient mauvaises. On peut voir par là que les opinions de ces hommes ne sont pas fondées sur la raison et qu'ils ont tort ; car on ne voit pas pourquoi étudier les sciences morales et celles qui enseignent les vertus devrait avoir pour conséquence d'empirer les mœurs. Au contraire, il est évident que celles-ci s'en trouveraient meilleures et plus nobles.

Christine de Pisan, *La Cité des dames* (trad. en français moderne), 1405.

6 Réécriture

Sur une feuille à part, récrivez l'analyse proposée, trop confuse, en allégeant la construction de la phrase. (3 points)

Analyse : *Cette affiche qui a été produite par une fondation qui s'appelle « Léa Nature » qui proteste contre la pollution des océans par le plastique que les gens consomment de plus en plus dans le monde et qui se retrouve d'une manière qu'on peut dire inévitable au fond des océans mais aussi sur le bord des plages.*

7 Analyse

1. Lisez la phrase et surlignez les verbes qu'elle comporte. Quel sentiment du narrateur souligne-t-elle ? (1 point)

……………………………………………………………………………………

2. Complétez l'analyse avec les termes : verbes, phrase, juxtaposées, propositions, complexe, l'agitation. (2 points)

Il est dix heures, ou peut-être onze, car comment être sûr que tu as bien entendu, il est tard, il est tôt, le jour naît, la nuit tombe, les bruits ne cessent jamais tout à fait, le temps ne s'arrête jamais totalement, même s'il n'est plus qu'imperceptible.

Georges Perec, *Un homme qui dort*, Éd. Denoël, 1967.

Analyse : *Georges Perec multiplie les* ……………………… *très brèves, le plus souvent* ……………………… . *Le lecteur a ainsi l'impression d'être dans l'esprit du personnage qui réfléchit. La* ……………………… *est longue et* ……………………… *: elle comporte huit* ……………………… . *Cela traduit* ……………………… *du personnage qui a l'impression que le temps s'arrête.*

BILAN ………. / 20

26 Les accords dans la phrase

2de

« La grammaire n'est-elle pas le royaume des exceptions ? »
Erik Orsenna, romancier.

A L'accord du déterminant et du nom

Repères L'article (*le, une, des*), les déterminants possessifs (*mon, ses, leur*) ou démonstratifs (*ce, cette, ceux-là*) forment, avec le nom qu'ils accompagnent, un groupe nominal. Le déterminant s'accorde en genre et en nombre avec le nom. Les déterminants numéraux sont invariables, sauf *vingt* et *cent* quand ils sont multipliés et ne sont suivis d'aucun nombre.

1 Application

1. **Indiquez le genre des noms suivants en plaçant devant chaque mot l'adjectif démonstratif qui convient : *ce, cet* ou *cette*.** (1 point)

a) .... trophée

b) .... charité

c) .... traité

d) .... pâtée

2. **Mettez les groupes nominaux au féminin pluriel.** (2 points)

a) Un paysan : ....

b) Le héros : ....

c) Cette artiste : ....

2 Application

Récrivez en toutes lettres les nombres indiqués dans les citations. (2 points)

a) Madame la baronne, qui pesait environ 350 livres (..........), s'attirait par là une très grande considération. (Voltaire)

b) Le Tour du monde en 80 (..........) jours. (Verne)

B L'accord de l'adjectif qualificatif

Repères L'adjectif qualificatif indique une qualité du nom. Il s'accorde avec lui en genre et en nombre. Généralement, le féminin de l'adjectif se forme en ajoutant un *e* au masculin (*bleu, bleue*), mais le radical en est souvent modifié (*beau, belle*).

3 Repérage

1. **Surlignez les noms et les verbes dans la première colonne du tableau.** (1 point)

2. **Complétez le tableau en indiquant quels adjectifs qualificatifs en sont dérivés.** (4 points)

	Adjectif masculin singulier	Adjectif féminin singulier	Adjectif masculin pluriel	Adjectif féminin pluriel
penser	pensif	pensive	pensifs	pensives
vieillesse	....	....	....	....
enchanter	....	....	....	....
faveur	....	....	....	....
publier	....	....	....	....

C L'accord du verbe

Repères Dans une phrase, les règles de la conjugaison déterminent l'accord du verbe (*je chante/nous chantons*). Le verbe est donc un mot dont la forme varie en nombre (singulier ou pluriel) et en genre (masculin ou féminin) en fonction de son sujet. Sa terminaison porte de plus les marques du temps et du mode utilisés pour le conjuguer.

4 Repérage

Surlignez le sujet et encadrez la forme verbale qui convient. (3 points)

a) Le touriste les (a/as) photographiés devant le tableau.
b) Les prix (varie/varient/varies) selon la saison.
c) Elle a (observé/observer/observait) un silence.
d) Ils (sont/son) (passé/passés/passait/passer).
e) Le GPS nous (indique/indiquent) la direction à suivre.
f) À quoi (servirons/serviront) ces documents ?

5 Application

Accordez le verbe avec le sujet de chaque phrase, en conjuguant le temps indiqué entre parenthèses. (2 points)

a) Le groupe (se séparer – *passé composé*) après avoir reçu les consignes.

....

b) J'ai acheté des abricots, mais la plupart (être – *présent*) encore peu sucrés.

....

c) La majorité (décider – *futur simple*) si le centre-ville doit être réaménagé.

....

d) Une infinité d'étoiles (trouer – *imparfait*) le ciel de la nuit.

....

6 Repérage

Soulignez le sujet dans les citations suivantes. Puis encadrez l'accord qui convient. (2 points)

Un long convoi de navires traînés par un remorqueur, gros comme une mouche, et qui *(râlait, râlaient, râler, râlés)* de peine en vomissant une fumée épaisse, *(défila, défilèrent, défilaient)* devant ma grille. (Maupassant)

Aucun homme n'*(a reçu, ont reçu, ont reçus)* de la nature le droit de commander aux autres. (Diderot)

Les nez *(on étaient faits, on été faits, ont été faits)* pour porter des lunettes, aussi avons-nous des lunettes. (Voltaire)

À mon marasme *(se mêlait, se mêlé, se mêler, se mêlaient)* la hantise et la morsure d'un instant de bonheur que je venais de vivre. (Romain Gary)

7 Réécriture

Complétez le mail suivant en y insérant les verbes qui ont été supprimés.
Surlignez le sujet avec lequel ils s'accordent. (3 points)

Coucou maman !

Il (..........................) tard et je (..........................) bientôt aller me coucher... Alexis et moi (..........................) bien arrivés à İstanbul. C'(..........................) une ville captivante où (..........................) une animation continuelle : une foule de petits vendeurs (..........................) aux touristes des objets plus curieux les uns que les autres. Le guide touristique nous (..........................) une multitude de visites qui (..........................) très intéressantes. L'une d'elles nous (..........................) plus particulièrement : un palais oriental. Nous nous y (..........................) demain après-midi.

BILAN .... / 20

27 La forme interrogative

« Apprenez qu'un bon livre ne donne jamais ce qu'on peut attendre. Il doit vous hérisser de points d'interrogation. »
Sacha Guitry, dramaturge, cinéaste et comédien.

A Les mots interrogatifs

Repères Ils servent à **introduire une question**. Leur **nature grammaticale** varie : **pronoms** (*qui, que, quoi, lequel, laquelle...*), **déterminants** (*quel, quels, quelles, quelles*) ou **adverbes** (*comment, pourquoi, où, quand...*).

1 Analyser

1. **Surlignez les pronoms interrogatifs.** (1 point)

2. **Associez chaque pronom à la fonction grammaticale qu'il occupe dans la phrase.** (1 point)

À quoi penses-tu ?	•	• *sujet*
Que porterez-vous pour voyager ?	•	• *attribut du sujet*
Qui fait l'unanimité ?	•	• *complément d'objet direct*
Dis-moi qui tu es.	•	• *complément d'objet indirect*

2 Se corriger

1. **En utilisant un mot interrogatif, formulez la question à laquelle répond chacune des phrases suivantes.** (1 point)

2. **Indiquez entre parenthèses la nature du mot interrogatif utilisé.** (2 points)

a) Elles arriveront en train.

....

b) Je ne sais pas pourquoi.

....

B L'interrogation directe

Repères **L'interrogation totale** prend la forme d'une question qui porte sur la totalité de la phrase et **appelle une réponse par *oui* ou par *non***. **L'interrogation partielle** ne porte que sur une partie de la phrase. On ne peut pas y répondre par *oui* ou par *non*. Elle est introduite par un mot interrogatif (*quand, comment, pourquoi...*).

3 Analyser

Indiquez, pour chacune des questions, si elles constituent une interrogation totale ou partielle. (2 points)

a) Avec qui sors-tu ?
b) Tu vas rentrer tard ?
c) Pourquoi veux-tu encore sortir ?
d) Tu seras sage ?
e) Tu me le promets ?

4 Écrire

Écrivez les questions auxquelles répondent les phrases suivantes, en les introduisant :
1) par « Est-ce que » ; 2) en plaçant le verbe en tête de phrase ; 3) par un adverbe interrogatif. (3 points)

a) Elle viendra deux fois par jour.

....

....

....

b) C'est hier qu'il est parti.

....

....

....

C L'interrogation indirecte

Repères

L'interrogation indirecte est comprise dans une proposition subordonnée. Mais elle n'a ni intonation montante, ni point d'interrogation, ni inversion du sujet. L'interrogative indirecte totale est introduite par *si* (*Il lui demanda s'il pouvait partir*). L'interrogative indirecte partielle est introduite par un autre mot interrogatif (*Elle voulut savoir qui était venu*).

5 Analyser

1. **Quelle formulation utilise l'interrogation directe ? Lesquelles sont des interrogations indirectes ?** (1 point)
2. **Sur une feuille à part, récrivez la formulation a) en utilisant des interrogations indirectes.** (1 point)

a) Comment le poète transforme-t-il le monde ? Et comment l'écriture poétique parvient-elle à nous rendre sensible à ces transformations ?

b) Dans un premier temps, nous allons voir quelles caractéristiques du personnage sont mises en valeur dans ce portrait. Puis, dans un second temps, nous nous demanderons comment l'intrigue va s'en trouver modifiée.

c) Nous allons nous demander comment le romancier met en place une intrigue pleine de rebondissements.

d) Nous allons nous demander dans quelle mesure le dénouement de cette pièce peut paraître surprenant.

6 Transformer

Transformez chaque question en phrase interrogative indirecte.
Vous ferez varier les verbes d'interrogation. (2 points)
Exemple : Voulez-vous venir ? Elle demande/veut savoir/ignore... si nous voulons venir.

a) Combien de temps l'épreuve durera-t-elle ?

....

b) Êtes-vous certain de l'avoir bien identifié ?

....

7 Réécrire

Corrigez la fin de cette introduction, en formulant l'interrogation indirecte comme il convient. (2 points)

Nous verrons dans un premier comment le poète va-t-il faire faire partager au lecteur son admiration pour la nature ? Puis nous verrons dans quelle mesure la poésie transforme-telle le monde pour exprimer des sentiments personnels ?

....

....

8 Écrire

1. **Repérez les paroles rapportées au discours indirect dans ce récit.** (1 point)
2. **Sur une feuille à part, récrivez l'extrait sous la forme d'un dialogue de roman.** (3 points)

Dans les couloirs de la maison, Rieux regarda machinalement vers les recoins et demanda à Grand si les rats avaient totalement disparu de son quartier. L'employé n'en savait rien. On lui avait parlé en effet de cette histoire, mais il ne prêtait pas beaucoup d'attention aux bruits du quartier.

Albert Camus, *La Peste*, Éd. Gallimard, 1947.

BILAN .... / 20

1re

28 La construction de la négation

« Ce n'est pas un pouvoir de faire ce qui est absurde, c'est au contraire une négation de pouvoir. »
Voltaire, écrivain-philosophe des Lumières.

A La phrase négative

Repères La forme négative peut être combinée avec les quatre modalités de la phrase. Elle s'exprime au moyen d'outils grammaticaux : des locutions négatives comme *ne.....pas, ne....guère, ne... plus...* ; des adverbes comme *jamais, non* ; la conjonction de coordination *ni*.

1 Repérage

Identifiez les outils grammaticaux permettant d'exprimer la négation dans les citations suivantes. (2 points)

Qui se lèvera pour exiger que justice soit faite, si ce n'est toi qui n'es pas dans nos luttes d'intérêts et de personnes, qui n'es encore engagée ni compromise dans aucune affaire louche ? (Zola)

Elle a observé alors que le mariage était une chose grave. J'ai répondu : « Non. » (Camus)

Comment fais-tu pour sans effort ne jamais dormir ni le jour ni la nuit ? (Koltès)

2 Réécriture

1. Récrivez les phrases suivantes à la forme négative. (2 points)

2. Interrogez-vous : quels sont les changements lexicaux introduits dans vos phrases ? (1 point)

a) Nous avons faim. ....

b) Il a déjà traversé la route. ....

c) Il y a toujours de l'espoir. ....

d) Je désire le rencontrer. ....

e) Il est toujours absent. ....

f) On a toujours besoin des autres. ....

B La place de la négation dans la phrase

Repères Au sein de la phrase, la négation est généralement composée de deux termes. Ceux-ci encadrent le verbe ou l'auxiliaire : « Va, je *ne* te hais *point*. » (Corneille). Ils se placent devant le verbe à l'infinitif : « Il semblait *ne pas* vouloir condescendre à discuter. » (Martin du Gard). Ils sont en tête de phrase avec les mots « personne », « jamais », « rien », « aucun », « nul ». Dans le langage soutenu, on peut se passer du deuxième terme : « Je ne cesse de le lui dire ». « Il n'osa la regarder ».

3 Découverte

1. Quelle règle de grammaire Gabriel ne respecte-t-il pas dans ce passage ? Selon vous, pourquoi ? (2 points)

....

....

....

Doukipudonktan, se demanda Gabriel excédé. Pas possible, ils se nettoient jamais. Dans le journal, on dit qu'il y a pas onze pour cent des appartements à Paris qui ont des salles de bain, ça m'étonne pas, mais on peut se laver sans. Tous ceux-là qui m'entourent, ils doivent pas faire de grands efforts. D'un autre côté, c'est tout de même pas un choix parmi les plus crasseux de Paris. Y a pas de raison. C'est le hasard qui les a réunis. On peut pas supposer que les gens qui attendent à la gare d'Austerlitz sentent plus mauvais que ceux qu'attendent à la gare de Lyon. Non vraiment, y a pas de raison. Tout de même quelle odeur.
Raymond Queneau, *Zazie dans le métro*, Éd. Gallimard, 1959.

2. Sur une feuille à part, repérez trois phrases négatives incorrectes et corrigez-les. (3 points)

C Le « ne » restrictif et le « ne » explétif

Repères Il existe deux emplois où *ne* **n'a pas de valeur négative**. Le **« ne » restrictif** signifie « seulement » (*Il ne vient que le vendredi*). Le **« ne » explétif** se place **après les verbes de crainte** ou d'empêchement (Je craignais qu'il *n'entre*), ou **les locutions conjonctives** comme *avant que, de crainte que, de peur que*… Il est souvent ignoré à l'oral.

4 Réécriture

1. Identifiez le « ne » restrictif et le « ne » explétif dans les phrases. Quel est leur registre de langue ? (2 points)

....

2. Récrivez les phrases a, b et c dans un registre de langue courant. (3 points)

a) Je craignais que mes soins ne fussent mauvais. (Anatole France)

....

b) Tu ne crains pas qu'il n'envoie des échos aux journalistes ? (Marcel Pagnol)

....

c) Je crains que mon père ne meure, / Il faut empêcher que cela n'arrive. (Thomas Corneille)

....

d) Je ne veux que son bonheur.

....

D La négation lexicale

Repères La langue peut aussi exprimer **la négation** par **les antonymes**, c'est-à-dire par **l'opposition de mots de sens contraire**. Ces mots peuvent ne pas avoir de rapport morphologique entre eux ou au contraire entretenir une relation de dérivation : savoir/*ignorer* ; possible/*impossible* ; violent/*non-violent*.

5 Application

Ajoutez un préfixe négatif (*dis-, il-, im-, in-, ir- , a-, dé-*) aux adjectifs suivants afin de leur faire exprimer une négation. (2 points)

possible	....	semblable	....	mortel	....
soluble	....	typique	....	compétent	....
tendu	....	légal	....	politique	....
lettré	....	capable	....	lisible	....
logique	....	mobile	....	rationnel	....

6 Analyse

1. Remplacez les termes surlignés par leur antonyme. (2 points)

Vivre : .... ; innocents : .... : chaleur : .... ;

confiance : .... ; amour : .... ; justice : .... ;

liberté : ....

2. Quel effet est ainsi créé ? (1 point)

....

Il y a des mots qui font vivre
Et ce sont des mots innocents
Le mot chaleur le mot confiance
Amour justice et le mot liberté…

Paul Éluard, « Gabriel Péri », *Au rendez-vous allemand*, Éd. de Minuit, 1945.

BILAN .... / 20

29 La proposition subordonnée circonstancielle

1re

« Complément circonstanciel, complément qui exprime une circonstance. »
Émile Littré, lexicographe.

A Une proposition subordonnée conjonctive

Repères La **proposition subordonnée conjonctive circonstancielle** fait partie d'une phrase complexe, et dépend d'une proposition principale. Elle est **introduite par une conjonction de subordination** (*que, comme, lorsque, quand, puisque, si*) ou **une locution conjonctive** (*afin que, ainsi que, de telle sorte que, comme si*...).

1 Découverte

1. Identifiez les conjonctions de subordination. (1 point)

2. Encadrez les propositions subordonnées qu'elles introduisent. (2 points)

L'homme n'est qu'un roseau, le plus faible de la nature ; mais c'est un roseau pensant. Il ne faut pas que l'univers entier s'arme pour l'écraser : une vapeur, une goutte d'eau, suffit pour le tuer. Mais, quand l'univers l'écraserait, l'homme serait encore plus noble que ce qui le tue, puisqu'il sait qu'il meurt, et l'avantage que l'univers a sur lui, l'univers n'en sait rien. Toute notre dignité consiste donc en la pensée. C'est de là qu'il faut nous relever et non de l'espace et de la durée, que nous ne saurions remplir. Travaillons donc à bien penser : voilà le principe de la morale.

Blaise Pascal, *Pensées*, 1670 (posthume).

B L'expression d'une circonstance

Repères Dans **la subordonnée circonstancielle**, **la conjonction de subordination** relie la subordonnée à la principale. Mais elle **indique** également **par son sens la relation qu'elle entretient** avec elle : **la cause** (*parce que*), **la conséquence** (*si bien que*), **le temps** (*lorsque*), **le but** (*afin que*), **la condition** (*si*), **la manière** (*de façon que*) ou **la concession** (*bien que*).

2 Réécriture

1. Repérez les compléments circonstanciels dans les phrases qui suivent. Puis récrivez les phrases en transformant le complément circonstanciel en subordonnée conjonctive. (3 points)

2. Indiquez entre parenthèses la relation ainsi introduite. (2 points)

a) Avec de la volonté, il réussirait. ....

b) Tu devrais partir avant la pluie. ....

c) Les soldats s'avançaient sans être vus. ....

d) Malgré ses défauts, il reste sympathique. ....

3 Application

Complétez les phrases suivantes au moyen d'une subordonnée circonstancielle. Attention à la concordance des temps ! (2 points)

a) Il s'est dépêché de sorte que ....

b) Il ne m'en a pas assez dit pour que ....

c) Je lui prêterai au cas où ....

d) Les soldats chantaient tandis que ....

e) Je viendrai, quoique tu ....

C Une fonction de complément circonstanciel

Repères Comme les autres compléments circonstanciels, **la subordonnée peut** en général **être déplacée ou supprimée**, sans que la phrase devienne incorrecte. **La proposition subordonnée conjonctive circonstancielle possède** ainsi **une fonction de complément circonstanciel** de temps, de cause, de conséquence, de manière, de concession, de condition ou de but.

4 Analyse

1. **Repérez les propositions subordonnées circonstancielles et les conjonctions qui les introduisent.** (1 point)

2. **Indiquez la fonction de chaque proposition subordonnée.** (2 points)

a) On avait enlevé, pour que le grand-père s'installât, les objets fragiles. (Alain-Fournier) ....

b) Je suis tellement confus que je n'ose pas dire ce qui m'amène. (Maupassant) ....

c) Au commencement du repas était lue une histoire plaisante tirée des anciens romans de chevalerie jusqu'à ce qu'il eût pris son vin. (Rabelais) ....

d) Messieurs, je dis que ce sont là des choses qui ne doivent pas être ; je dis que la société doit dépenser toute sa force, toute sa sollicitude, toute son intelligence, toute sa volonté, pour que de telles choses ne soient pas ! (Hugo)

....

5 Appropriation

Rédigez une légende à l'image suivante. Vous y introduirez trois propositions subordonnées circonstancielles expliquant les intentions du caricaturiste. (3 points)

Plantu, « L'art délicat des réseaux sociaux »,
Télérama du 8 mai 2018.

L'image represente la haine lorsque (+) l'on utilise les réseaux sociaux. le doight appuie tellement (conse) que les taches saignent C'est un message important étant donné (cause) l'importance que les reseaux ont aujourd'hui

6 Réécriture

1. **Encadrez les conjonctions de subordination. Identifiez les subordonnées circonstancielles.** (1 point)

2. **Indiquez la fonction de chaque subordonnée.** (1 point)

3. **Réécrivez les phrases en déplaçant la proposition circonstancielle. Modifiez la ponctuation lorsque c'est nécessaire.** (2 points)

a) Dès que je me fus emparé d'elle, par une adroite gaucherie, nos bras s'enlacèrent mutuellement. (Laclos)

Fonction : ....

....

....

b) Si j'étais une bonne brute ordinaire de tyran, il y aurait déjà longtemps qu'on t'aurait arraché la langue. (Anouilh)

Fonction : ....

....

....

c) Dans le temps, lorsque j'étais emporté sur les ailes de la jeunesse, cela me faisait rêver. (Lautréamont)

Fonction : ....

....

....

d) S'il vous plaît de m'aimer, je deviendrai Neptune. (Ronsard)

Fonction : ....

....

....

BILAN .... / 20

30 La proposition subordonnée relative

« Toutes les fois que l'on emploie un pronom dans une phrase, il se rapporte au dernier nom substantif. »

Voltaire, écrivain philosophe.

A Les caractéristiques de la subordonnée relative

Repères La proposition **subordonnée relative est reliée à la proposition principale par** un subordonnant : **le pronom relatif**. Le nom ou **le groupe nominal complété** par la proposition relative **s'appelle l'antécédent**. En effet, il est **toujours placé avant** la proposition subordonnée relative.

1 Application

1. **Dans les propositions subordonnées relatives soulignées, identifiez le pronom relatif. (1 point)**

2. **Indiquez quel est l'antécédent de chaque proposition subordonnée relative. (2 points)**

On croit, par la douceur de la flatterie, avoir trouvé le moyen de rendre la vie délicieuse. Un homme simple qui n'a que la vérité à dire est regardé comme le perturbateur du plaisir public. On le fuit, parce qu'il ne plaît point ; on fuit la vérité qu'il annonce, parce qu'elle est amère ; on fuit la sincérité dont il fait profession, parce qu'elle ne porte que des fruits sauvages ; on la redoute, parce qu'elle humilie, parce qu'elle révolte l'orgueil, qui est la plus chère des passions, parce qu'elle est un peintre fidèle, qui nous fait voir aussi difformes que nous le sommes.

Montesquieu, *Éloge de la sincérité*, 1717.

2 Réécriture

Reliez chaque couple de phrases par un pronom relatif : *qui, que, dont, où, lequel*… (2 points)

a) Elle a offert de nombreux cadeaux à ses enfants.
Ils étaient tous contents.

Elle a offert de nombreux cadeaux à ses enfants qui alors ils lesquels étaient tous contents

b) Cette histoire m'a été racontée par un homme.
Je ne le connaissais pas.

cette histoire m'a été racontée par un homme que je ne connaissais même pas

c) Elle m'a fait rencontrer un artiste. Je ne connaissais même pas son existence.

Elle m'a fait rencontrer un artiste dont je ne connaissais même pas ~~son~~ l'existence

d) Il a affronté de nombreux dangers. Ils étaient tous plus ou moins périlleux.

Il a affronté de nombreux dangers qui étaient tous plus ou moins perilleux.

B Les propositions subordonnées relatives adjectives

Repères La relative est une expansion du groupe nominal formé par son antécédent. Comme un adjectif, elle occupe ainsi une fonction d'**épithète**. Lorsqu'elle est séparée de l'antécédent par une virgule, elle est **apposée** (on dit aussi **épithète détachée**).

3 Analyse

1. **Relevez les propositions subordonnées relatives adjectives dans ce texte. (1 point)**

2. **Identifiez l'antécédent. Interrogez-vous : quelle est la fonction de la relative ? (2 points)**

3. **Pourquoi appelle-t-on ces propositions « relatives adjectives » ? (2 points)**

J'avais alors dix-huit à dix-neuf ans ; on disait que j'étais beau garçon, beau comme peut l'être un paysan dont le visage est à la merci du hâle de l'air et du travail des champs. Mais à cela près j'avais effectivement assez bonne mine ; ajoutez-y je ne sais quoi de franc dans ma physionomie ; l'œil vif, qui annonçait un peu d'esprit, et qui ne mentait pas totalement.

Marivaux, *Le Paysan parvenu*, 1734-1735.

C Les propositions subordonnées relatives substantives

Repères Quand la **proposition subordonnée relative** est **sans antécédent**, elle est introduite par les pronoms relatifs *qui, quoi, où*, par les locutions *ce qui, ce que, celui qui* ou par le pronom relatif indéfini *quiconque*. Elle est l'équivalent d'un groupe nominal et en occupe la fonction (sujet, COD, COI ou attribut).

4 Analyse

1. **Repérez les relatives dans les phrases suivantes. Identifiez celles qui n'ont pas d'antécédent.** (1 point)

2. **Indiquez la fonction grammaticale de chaque relative.** (1 point)

a) Alors commençait ce qui vient où Paris finit, ce qui pousse où l'herbe ne pousse pas, un de ces paysages d'aridité que les grandes villes créent. (Goncourt)

Fonction grammaticale : ....

b) Le maquis est la patrie des bergers corses et de quiconque s'est fâché avec la patrie. (Mérimée)

Fonction grammaticale : ....

c) Si l'on joue, il gagne au jeu ; il veut railler celui qui perd, et il l'offense. (La Bruyère)

Fonction grammaticale : ....

d) Le monde est ce qu'il est, c'est-à-dire peu de choses. C'est ce que chacun sait depuis hier. (Camus)

Fonction grammaticale : ....

D Les fonctions du pronom relatif

Repères Il ne faut pas confondre **la fonction de la proposition relative** avec **la fonction du pronom relatif dans la subordonnée**. Celui-ci peut remplir toutes les fonctions d'un groupe nominal : **sujet, complément du nom, COD, COI, ou complément circonstanciel**.

5 Analyse

Associez chaque pronom relatif à la fonction du pronom qu'il occupe dans la phrase. (3 points)

Sujet •	• Le parfum de scandale dont le roman fut entouré le rendit célèbre.
COD •	• J'ai aimé le roman dont cette femme est l'auteure.
COI •	• Voici le roman dont tu m'as parlé.
Complément d'agent •	• Le roman qui est posé sur la table me donne envie de lire.
Complément du nom •	• Sa famille, dont il fut toujours entouré, s'occupe de publier son œuvre.
	• Tu m'as prêté un roman que j'adore.

6 Analyse

1. **Relevez les relatives et leur antécédent dans le texte.** (1 point)

2. **Encadrez les pronoms relatifs.** (1 point)

3. **Sur une feuille à part, faites l'analyse de la proposition subordonnée relative soulignée.** (3 points)

Le dictionnaire le plus morne s'illumine et se fait une forêt d'idées […] ; et il n'est pas jusqu'à la sèche et maigre *grammaire*, jusqu'à la perfide et fantasque *syntaxe* qui ne paraissent tout à coup, impérieuses, mais séduisantes par leurs pièges mêmes, escortées de toutes les *parties du discours*, bien défendues par les féroces participes, suivies dans l'ordre des préséances par l'immense armée des *propositions*, les principales, les subordonnées, les capricieuses complétives, les circonstancielles, et les autres (s'il en est…) – Cependant que fort loin, derrière le cortège <u>qui défile en proférant une quantité d'*exemples*</u>, se traîne en bougonnant un malheureux vieillard abandonné de tous, le très noble et infortuné : imparfait du subjonctif.

Paul Valéry, *Variété IV*, Éd. Gallimard, 1938.

BILAN .... / 20

2de

31 La proposition subordonnée complétive

« Deux propositions ne se lient que par les rapports qu'elles ont l'une à l'autre, et le propre des conjonctions est de prononcer ces rapports. »
Condillac, philosophe et grammairien

A La subordonnée conjonctive complétive

Repères Les subordonnées conjonctives sont introduites par la conjonction « que » ou ses équivalents (« à ce que », « en ce que », « de ce que »). Elles complètent le verbe de la principale. Les conjonctives complétives sont très souvent complément d'objet direct (*Je crois que vous avez raison*) ou indirect (*Je m'attends à ce que vous ayez raison.*) Mais elles peuvent aussi plus rarement compléter un nom, un adjectif ou un attribut.

1 Découverte

Repérez les subordonnées conjonctives présentes dans les citations. (2 points)

Nous autres, civilisations, nous savons maintenant que nous sommes mortelles. (Valéry)

Si mon père ne veut pas me donner un mari qui me plaise, je le conjurerai au moins de ne me point forcer à en épouser un que je ne puisse pas aimer. (Molière)

Si tu pouvais savoir tout ce que je vois ! tout ce que je sens ! tout ce que j'entends dans tes cheveux ! (Baudelaire)

2 Analyse

Repérez les subordonnées conjonctives. Indiquez leur fonction. (2 points)

a) Qu'il arrive avant nous semble impossible. ....

b) Il croit qu'une heure de sommeil lui suffira. ....

c) Je m'attends à ce qu'il vienne demain. ....

d) Nous étions sûrs qu'ils réussiraient. ....

B Le mode du verbe de la conjonctive complétive

Repères Le mode du verbe dépend de ce que veut exprimer le locuteur. Le verbe de la conjonctive est à l'indicatif lorsqu'il exprime la probabilité ou la certitude (*Je crois* que *vous avez* raison.). Il utilise le subjonctif lorsqu'il exprime un sentiment, une volonté ou un doute (*Je crains* que *vous n'ayez* raison.)

3 Réécriture

Récrivez ces phrases en remplaçant le COD souligné par la subordonnée conjonctive de votre choix. Attention à l'emploi du subjonctif ! (6 points)

a) Nous <u>le</u> craignons. ....

b) Il <u>en</u> doute. ....

c) Elle s'<u>y</u> attendait. ....

d) Vous <u>le</u> voulez ? ....

e) J'<u>en</u> ai rêvé. ....

f) Je <u>le</u> voulais. ....

C Les propositions interrogatives indirectes

Repères Elles **complètent un verbe** qui exprime **une interrogation**, **une ignorance** ou **une recherche** (*ignorer, constater, demander, oublier*…). Elles sont alors **complément d'objet**. La conjonction « si » introduit une **interrogation totale**, à laquelle on ne peut répondre que par « oui » ou « non ». **Les autres mots interrogatifs**, comme le pronom *qui*, le déterminant *quel*, ou l'adverbe *comment* introduisent **une interrogation partielle**.

4 Découverte

Répondez aux questions suivantes en utilisant une subordonnée interrogative indirecte. (2 points)

Ex. : Viendra-t-il ? → J'ignore s'il pourra venir.

a) Est-ce que vous nous accompagnerez ? ....

b) Combien de temps le spectacle dure-t-il ? ....

c) Tu sais si elle va chanter ? ....

d) As-tu une idée de la manière de sortir d'ici ? ....

5 Réécriture

Transformez les phrases déclaratives suivantes en subordonnées interrogatives. (2 points)

a) À travers quels procédés l'auteur donne-t-il à son discours une tonalité comique ?

Nous nous demanderons ....

b) Quels points communs peut-on établir entre les deux récits ?

Nous verrons ....

c) Comment l'ironie du narrateur met-elle le personnage à distance ?

Demandons-nous d'abord ....

d) De quelle façon le romancier donne-t-il vie à ses personnages ?

Nous expliquerons ....

D Les propositions subordonnées infinitives

Repères **Les infinitives** se distinguent des autres subordonnées car elles **n'ont pas de terme introducteur** (*J'entends un oiseau chanter.*) Elles possèdent ainsi **leur propre sujet** (*un oiseau*) mais **sont COD du verbe de la principale**. Celui-ci est obligatoirement un verbe **de perception ou de mouvement**.

6 Analyse

1. Analysez la proposition infinitive surlignée dans le texte. (3 points)

....

....

2. Transformez-la en proposition subordonnée relative. (3 points)

....

....

Quand j'entendais nos hôtes parler de Paris et de la cour, je devenais triste ; je cherchais à deviner ce que c'était que la société : je découvrais quelque chose de confus et de lointain ; mais bientôt je me troublais. Des tranquilles régions de l'innocence, en jetant les yeux sur le monde, j'avais des vertiges, comme lorsqu'on regarde la terre du haut de ces tours qui se perdent dans le ciel.

François-René de Chateaubriand, *Mémoires d'outre-tombe*, 1848.

BILAN .... / 20

32 Les modes verbaux

2de

« Le verbe souffrir n'a de sens qu'à l'indicatif présent, et à la première personne. »

Gilbert Cesbron, romancier.

A L'expression du réel : l'indicatif

Repères **L'indicatif** présente le **fait** évoqué comme **certain**, qu'il soit situé **dans le passé, le présent, le futur** ou dans une temporalité indéfinie. Dans une **phrase interrogative**, la **vérité** est **attendue de la réponse**. Ex. : Qu'est donc cette cloche de mauvais présage ? […] C'est la cloche de Blanchelande. (Barbey d'Aurevilly)

1 Découverte

1. Repérez les verbes dans les phrases. (1 point)

2. Quel est leur point commun ? (1 point)

....

....

A. Enfin, on sortit de l'église ; et je me souviens que j'en sortis lentement, que je retardais mes pas, que je regrettais la place que je quittais, et que je m'en allais avec un cœur à qui il manquait quelque chose. (Marivaux)

B. La varicelle, je l'ai eue, on ne l'a pas deux fois, qui est-ce qui vient me reparler de varicelle ? (Roland Dubillard)

C. Il a gelé blanc ; les dahlias sont fripés comme après une nuit de bal. (Jules Renard)

D. Je t'aimais, je t'aime, je t'aimerai. (Francis Cabrel)

2 Repérage

Surlignez les verbes. Distinguez **l'indicatif** (faits considérés comme certains) des **autres modes**. (2 points)

Je veux donc bien vous instruire de mes projets : mais jurez-moi qu'en fidèle Chevalier, vous ne courrez aucune aventure que vous n'ayez mis celle-ci à fin. […] Mme de Volanges marie sa fille : c'est encore un secret ; mais elle m'en a fait part hier. Et qui croyez-vous qu'elle ait choisi pour gendre ? Le Comte Gercourt. Qui m'aurait dit que je deviendrais la cousine de Gercourt ? J'en suis dans une fureur... Eh bien ! Vous ne devinez pas encore ? Oh ! L'esprit lourd ! Lui avez-vous donc pardonné l'aventure de l'Intendante ? Et moi, n'ai-je pas encore plus à me plaindre de lui, monstre que vous êtes ? Mais je m'apaise, et l'espoir de me venger rassérène mon âme.

Choderlos de Laclos, *Les Liaisons dangereuses*, 1782.

B L'expression de l'hypothèse : le conditionnel

Repères **Le conditionnel** (présent ou passé) exprime l'éventuel et le non-réalisé. Il s'emploie ainsi pour évoquer **une condition à remplir** (*Si j'avais le temps, je le ferais*), **une demande, un souhait** (*M'accorderiez-vous un entretien ?*), **l'atténuation d'une affirmation** (*L'accusé aurait un alibi*), **un conseil** (*À ta place, je partirais*), ou **une possibilité qui ne s'est pas réalisée** (*Je savais qu'il s'opposerait à nos projets*).

3 Application

1. Mettez les verbes entre parenthèses au conditionnel présent. (4 points)

2. À quels temps de l'indicatif le conditionnel fait-il penser ? Interrogez-vous : quelles sont ses règles de conjugaison ? (2 points)

....

....

a) Vous .... parler moins fort. (*devoir*)

b) Il .... que l'accident n'a pas fait de victimes. (*sembler*)

c) .... -vous par hasard son téléphone ? (*connaître*)

d) Je suppose qu'ils ne .... pas à cette solution. (*s'opposer*)

e) Ma mère .... si je rentrais trop tard. (*s'inquiéter*)

f) Nous .... être déçus par le résultat. (*pouvoir*)

g) .... -il possible d'avoir deux billets au lieu d'un ? (*être*)

C L'expression du possible : le subjonctif

Repères Dans la proposition indépendante ou principale, le **mode subjonctif** exprime **l'ordre, la défense, l'exhortation, le souhait, la prière.** (*Dieu vous bénisse !*). Dans la proposition subordonnée complétive, relative ou circonstancielle, **l'emploi du subjonctif** est lié à **l'expression d'une croyance, d'une intention, d'une volonté, d'un désir** (*Il semble que vous ayez appris cela par cœur*).

4 Découverte

Mettez les verbes entre parenthèses au subjonctif présent. (2 points)

a) Avant que tu .... donne-moi ton numéro. (*s'en aller*)

b) Je ne pense pas qu'il .... s'en sortir seul. (*pouvoir*)

c) Nous voulons que vous .... la réalité. (*savoir*)

d) Nous assisterons aux débats à condition qu'ils le .... bien. (*vouloir*)

5 Analyse

Pourvu qu'il fasse beau demain ! (Renard)

Je vais chercher quelque coin où je puisse dormir. (Gautier)

1. Repérez les verbes au subjonctif. (1 point)

2. Analysez l'emploi de ce mode. (1 point)

....

....

D L'expression d'une volonté : l'impératif

Repères L'expression de **l'ordre**, de **la défense**, de **la prière** ou du **conseil** se fait par **le mode impératif**. Il est restreint aux 2e personnes du singulier et du pluriel et à la 1re du pluriel. Exemple : Ô temps suspens ton vol ! Et vous, heures propices, / Suspendez votre cours ! (Lamartine)

6 Découverte

1. Dans les phrases suivantes, repérez les marques de l'émetteur.
Encadrez les verbes conjugués à l'impératif. (1 point)

2. Sur une feuille à part, récrivez chaque phrase en utilisant le mode indiqué. (2 points)

a) Laissons cela, et revenons à ce qui m'occupe. (Laclos) → *Conditionnel*

b) Appelle un peu cet homme que voilà là-bas, pour lui demander le chemin. (Molière) → *Conditionnel*

c) Voguez sans jamais craindre ou les flots ou la brise (Vigny) → *Subjonctif*

d) Hâtons-nous ; le temps fuit et nous traîne avec soi. (Boileau) → *Subjonctif*

7 Découverte

Identifiez les différents modes utilisés dans cette scène de théâtre et justifiez leur emploi. (3 points)

LA REINE. – Que voulez-vous ?
RUY BLAS, *joignant les mains.* – Que vous me pardonniez, madame !
LA REINE. – Jamais.
RUY BLAS. – Jamais ! *Il se lève et marche lentement vers la table.* Bien sûr ?
LA REINE. – Non, jamais !
RUY BLAS. *Il prend la fiole posée sur la table, la porte à ses lèvres et la vide d'un trait.* – Triste flamme, Éteins-toi !
LA REINE, *se levant et courant à lui.* – Que fait-il ?
RUY BLAS, *posant la fiole.* – Rien. Mes maux sont finis. Rien. Vous me maudissez, et moi je vous bénis. Voilà tout.

Victor Hugo, *Ruy Blas*, 1838.

BILAN .... / 20

33 La valeur des temps

« L'homme n'a point de port, le temps n'a point de rives ; il coule et nous passons ! »

Alphonse de Lamartine, poète et homme politique.

A Les valeurs du présent de l'indicatif

Repères **Le présent de l'énonciation** évoque un état ou une action qui **coïncide avec le moment où l'on parle**. Le **présent de vérité générale** indique **un fait qui vaut de tout temps** (*La terre tourne autour du soleil*). Le **présent duratif** exprime **une action déjà engagée**, qui déborde vers le futur (*Il dort depuis une heure*). Le **présent de narration** actualise un événement pour le rendre **plus vivant**.

1 Application

1. Repérez les verbes conjugués au **présent** dans ces citations. (1 point)

2. Interrogez-vous : quelle est, à chaque fois, leur valeur d'emploi ? (2 points)

A. Nous sommes à Paris depuis un mois, et nous avons toujours été dans un mouvement continuel. (Montesquieu)

B. Il dort dans le soleil la main sur la poitrine (Rimbaud)

C. Malheureux qui se fie en l'Amour et en toi ! (Ronsard)

D. Les maris des femmes qui nous plaisent sont toujours des imbéciles. (Feydeau)

E. Le temps est un grand maître, il règle bien des choses. (Corneille)

2 Réécriture

1. Quelle maladresse l'élève commet-il dans cet extrait de dissertation ? (1 point)

....

2. Sur une feuille à part, récrivez le passage en utilisant le présent de vérité générale. (3 points)

Dans ce parcours de lecture, la scène de théâtre était à chaque fois l'occasion d'interroger le personnage du médecin sur le mode comique. Cette vision éclairait généralement nos propres peurs et nos propres interrogations. Molière a ainsi exprimé sa méfiance à l'égard de ceux qui s'empressaient de soigner les autres, au risque de les tuer. Jules Romains dénonçait les charlatans, comme le fameux docteur Knock, qui profitaient de la crédulité des hommes pour leur soutirer de l'argent.

B Le futur

Repères **Le futur catégorique** présente comme certain **un fait futur** par rapport au présent (*Nous verrons demain*). **Le futur de vérité générale** rivalise avec le **présent** (*Selon que vous serez puissant ou misérable,/Les jugements de cour vous rendront blanc ou noir*). **Le futur antérieur**, forme composée du futur simple, annonce qu'un fait futur se réalisera avant un autre fait à venir (*Quand tu auras fini, fais-le moi savoir*).

3 Application

Complétez les phrases suivantes en utilisant le futur ou le futur antérieur. (3 points)

a) Au mois de juin, je .... (*déménager*).

b) Avant le mois de juin, je .... (*partir*).

c) Nous .... nos vacances au soleil (*passer*).

d) À notre retour, nous .... beaucoup .... (voyager).

e) D'ici à demain, ils .... presque un marathon. (*courir*)

f) Le mois prochain, vous .... votre permis. (*passer*)

C Les valeurs des temps du passé

Repères Le passé composé évoque une action terminée et dont les conséquences durent dans le présent. L'imparfait duratif situe le fait dans le passé sans en préciser ni le début ni la fin, et sert de second plan aux actions mises en avant par le passé simple. Descriptif, il convient aux descriptions et aux portraits. Le passé simple situe les faits dans un passé coupé du présent. Sur fond d'imparfait, il met en avant ce qui fait événement.

4 Application

1. Identifiez les verbes conjugués au passé composé, à l'imparfait et au passé simple. (1 point)

2. Indiquez la valeur d'emploi de chaque verbe. (1 point)

a) Jacques commença l'histoire de ses amours. C'était l'après-dînée : il faisait un temps lourd. (Diderot)

....

b) Il restait debout, avec de l'eau jusqu'aux genoux, effaré, bouleversé comme devant un miracle. (Maupassant)

....

c) Je baissai la paupière, bien résolu à ne plus la relever. (Gautier)

....

d) C'était un vendredi, et je ne l'oublierai jamais. Je vis cette Carmen que vous connaissez, chez qui je vous ai rencontré il y a quelques mois. (Mérimée)

....

5 Analyse

1. Distinguez les verbes conjugués à l'imparfait de ceux conjugués au passé simple. (1 point)

2. Expliquez leurs fonctions respectives. (2 points)

....

....

....

Il était neuf heures quand il arriva au coin du boulevard Voltaire. (Simenon)

....

Une nuit qu'il dormait, il crut entendre quelqu'un l'appeler (Flaubert)

....

Dans les balancements du vaisseau, ce qu'on craignait arriva. (Bernardin de Saint-Pierre)

....

6 Appropriation

1. Identifiez les verbes conjugués au présent. (1 point)

2. Sur une feuille à part, récrivez la réplique en la transposant en récit.
Vous commencerez par les mots suivants : « Le jour était moins avancé que je ne croyais. » (2 points)

Le Comte. – Le jour est moins avancé que je ne croyais. L'heure à laquelle elle a coutume de se montrer derrière sa jalousie est encore éloignée. N'importe : il vaut mieux arriver trop tôt que de manquer l'instant de la voir.

7 Analyse

1. Repérez les verbes conjugués et identifiez les temps utilisés : imparfait, passé simple, présent. (1 point)

2. Comment peut-on expliquer le passage du passé au présent ? (1 point)

....

....

Comme je me promenais sur cette colline, j'aperçus, sous des buissons hérissés, une espèce de trou vers lequel je me dirigeai... En ce moment-là, j'entends derrière moi ce mot : « Heidenloch »... Je me retourne. Personne dans la bruyère ; le vent qui souffle et la lune qui éclaire. Rien de plus.

Victor Hugo, *Lettre du Rhin*, 1842.

BILAN .... / 20

34 Clés pour l'analyse d'un extrait de roman

2de 1re

« L'auteur, dans son œuvre, doit être comme Dieu dans l'univers, présent partout, et visible nulle part. »

Gustave Flaubert, romancier.

A Les caractéristiques du passage étudié

Repères Le roman se présente comme une alternance de passages narratifs, de passages descriptifs et de dialogues. Le narrateur, ou l'un des personnages, peuvent interrompre le récit pour apporter des informations au lecteur ou développer une argumentation.

1 Analyse

1. Repérez dans le texte (1 point) :
- les passages narratifs,
- les passages descriptifs,
- le discours rapporté,
- les interventions du narrateur.

2. Qu'est-ce qui rend ce récit original ? (1 point)

....

....

Jacques commença l'histoire de ses amours. C'était l'après-dîner : il faisait un temps lourd ; son maître s'endormit. La nuit les surprit au milieu des champs ; les voilà fourvoyés. Voilà le maître dans une colère terrible et tombant à grands coups de fouet sur son valet, et le pauvre diable disant à chaque coup : « Celui-là était apparemment encore écrit là-haut... ».
Vous voyez, lecteur, que je suis en beau chemin, et qu'il ne tiendrait qu'à moi de vous faire attendre un an, deux ans, trois ans, le récit des amours de Jacques, en le séparant de son maître et en leur faisant courir à chacun tous les hasards qu'il me plairait. Qu'est-ce qui m'empêcherait de marier le maître et de le faire cocu ? d'embarquer Jacques pour les îles ?

Denis Diderot, *Jacques le Fataliste*, 1775.

B Les thèmes dominants

Repères La découverte des mots répétés, l'identification des réseaux lexicaux qui traversent le texte, le jeu des connotations permettent de repérer les thèmes essentiels développés par l'auteur. Ces thèmes mettent en place l'univers du romancier et reviendront souvent dans l'ensemble du récit.

2 Repérage

1. Encadrez le mot répété. Relevez les connecteurs spatiaux qui organisent la description. (1 point)

2. Identifiez la présence des sensations. Quel type d'univers se met en place ? (1 point)

....

Voici la vieille Chine, la Chine sans Européens. Sur une eau jaunâtre, chargée de glaise, le canot avance comme dans un canal, entre deux rangs serrés de sampans[1], semblables à des gondoles grossières avec leurs toitures d'osier. À l'avant, des femmes, presque toutes âgées, cuisinent sur des trépieds, dans une intense odeur de graisse brûlée ; souvent, derrière elles, apparaît un chat, une cage ou un singe enchaîné.

André Malraux, *Les Conquérants*, Éd. Grasset & Fasquelle, 1928.

1. sampans : petite embarcation à voile.

3 Commentaire

1. Repérez les termes techniques de l'univers de la mine, utilisés par Zola. (1 point)

2. À travers quels mots connotés l'auteur met-il en place un univers menaçant ? Soulignez-les. (1 point)

3. Sur une feuille à part, rédigez un paragraphe de commentaire pour analyser ce passage. (4 points)

Il faisait, avec son pic, une entaille dans le toit, puis une autre dans le mur ; et il y calait les deux bouts de bois, qui étayaient ainsi la roche. L'après-midi, les ouvriers de la coupe à terre prenaient les déblais laissés au fond de la galerie par les haveurs, et remblayaient les tranchées exploitées de la veine, où ils noyaient les bois, en ne ménageant que la voie inférieure et la voie supérieure, pour le roulage.
Maheu cessa de geindre. Enfin, il avait détaché son bloc. Il essuya sur sa manche son visage ruisselant.

Émile Zola, *Germinal*, 1885.

C L'analyse syntaxique du texte

Repères Chaque **romancier** a **un style** qui lui est propre. L'analyse syntaxique observe **l'unité du paragraphe** et de **la phrase**, leur **longueur**, leur **ponctuation**, leur **construction**. La phrase peut être **verbale** ou **nominale**, simple ou complexe, reposer sur une **structure binaire** ou **ternaire**.

4 Analyse

1. Repérez les différents emplois du pronom « nous » dans le passage. Quelle interprétation pouvez-vous lui donner ? (1 point)

....

....

2. Observez la construction des paragraphes et des phrases. Comment font-elles écho au contenu et au rythme du récit ? (2 points)

....

....

3. Quels sentiments des personnages, l'auteur souligne-t-il à travers l'utilisation du rythme binaire et du rythme ternaire ? (1 point)

....

....

Nous remontions l'Orénoque[1] sans parler.
Cela dura des semaines, des mois.
Il faisait une chaleur d'étuve.
Deux d'entre nous étaient toujours en train de ramer, le troisième s'occupait de pêche et de chasse. À l'aide de quelques branchages et des palmes, nous avions transformé notre chaloupe en carbet[2]. Nous étions donc à l'ombre. Malgré cela, nous pelions, la peau nous tombait de partout et nos visages étaient tellement racornis que chacun de nous avait l'air de porter un masque. Et ce masque nouveau qui nous collait au visage, qui se rétrécissait, nous comprimait le crâne, nous meurtrissait, nous déformait le cerveau.
Coincées, à l'étroit, nos pensées s'atrophiaient.
Vie mystérieuse de l'œil.

Blaise Cendrars, *Moravagine*, Éd. Grasset & Fasquelle, 1926.

1. Orénoque : fleuve d'Amazonie.
2. Carbet : grande case collective.

D L'atmosphère du récit

Repères Le **romancier** peut choisir d'**ancrer son récit dans la réalité**, à travers des **effets de réel**. Il peut aussi lui donner un **ton épique**, **tragique**, **lyrique**, **comique** ou **fantastique**, à travers le choix du **vocabulaire** et les **figures de style**. Le **niveau de langage** propre au narrateur ou à ses personnages participe aussi à donner une **atmosphère** au récit, **qui marque le lecteur**.

5 Analyse

1. À travers quelles indications spatio-temporelles le texte apparaît-il comme le témoignage d'événements vécus par l'auteur ? Repérez-les. (1 point)

2. Quelle atmosphère l'auteur donne-t-il à son récit ? À travers quels termes ? (1 point)

3. Expliquez l'effet produit par l'énumération soulignée. (2 points)

....

....

Le jour est venu tout d'un coup. On a dormi dans la boue. Là-bas devant, le mont Kemmel fume comme un volcan crevé. On est le long d'une route de saules. Une terre neuve avec des arbres, de l'herbe, des saules déjà touchés de printemps en cet avril. Les balles claquent dans les branches. Des vols d'obus passent, s'abattent, sautent, arrachent des branches, rugissent sous la terre, se vautrent lourdement dans la boue puis tournent comme des toupies et restent là. On creuse à la pelle de trou à trou.

Jean Giono, *Le Grand troupeau*, Éd. Gallimard, 1931.

4. Quelle est la tonalité d'ensemble du passage ? Justifiez votre réponse. (2 points)

....

....

BILAN .... / 20

35 Clés pour l'analyse d'un poème

2de 1re

« Le poème apparaît souvent comme un éboulis de mots, dépourvus de sens pour l'œil non exercé. »

Andrée Chédid, poétesse et romancière.

A L'énonciation et les réseaux lexicaux

Repères Dans un poème, **l'auteur** s'adresse directement à **un destinataire** : la personne qui l'a inspiré, **sa muse**, ou **au lecteur**. Il met en place un **univers** souvent **symbolique**, à travers des **champs lexicaux** qui lui permettent d'évoquer **une réalité**, **des sentiments** ou **des idées**. La première lecture d'un poème passe donc par le repérage des **pronoms personnels** et des **réseaux lexicaux**.

1 Repérage

1. **Encadrez les pronoms personnels utilisés dans chaque strophe. Que montre leur évolution ? (1 point)**

....

2. **Interrogez-vous : quel écho chacune des expressions surlignées dans la première strophe rencontre-t-elle dans la seconde ? Repérez ces correspondances. (1 point)**

3. **Quels réseaux lexicaux l'auteur développe-t-il ? Quelle signification symbolique peut-on leur donner ? (2 points)**

....

....

....

Strophe 1

Le soleil du matin commençait sa carrière,
Je vis près du rivage une barque légère
Se bercer mollement sur les flots argentés.
Je revins quand la nuit descendait sur la rive :
La nacelle était là, mais l'onde fugitive
Ne baignait plus ses flancs dans le sable arrêtés.

Strophe 2

Et voilà notre sort ! au matin de la vie
Par des rêves d'espoir notre âme poursuivie
Se balance un moment sur les flots du bonheur ;
Mais, sitôt que le soir étend son voile sombre,
L'onde qui nous portait se retire, et dans l'ombre
Bientôt nous restons seuls en proie à la douleur.

Gérard de Nerval, *Vers d'Opéra*, 1852.

B Le rythme du poème

Repères La poésie est fondée sur **le rythme du vers**. Ce rythme peut être **régulier**, soulignant les **symétries** ou les **oppositions** : *Le long des gazons verts/ricanant les voyous* (Rimbaud). Il peut être aussi **croissant** ou **décroissant**, mettant alors en valeur certains mots : *Moi, je suis, débraillé comme un étudiant* (Rimbaud). Lorsqu'une phrase ou un groupe de mots « enjambe » deux vers, l'**enjambement** provoque une **rupture de rythme**.

2 Analyse

1. **Séparez les groupes syntaxiques qui constituent la phrase au moyen de barres obliques. Quels vers ont un rythme régulier ? (3 points)**

....

2. **Commentez le rythme du vers 3. Quel mot met-il en valeur ? Que veut souligner le poète ? (3 points)**

....

Sous le ciel pluvieux noyé de brumes sales
Devant l'Océan blême, assis sur un îlot,
Seul, loin de tout, je songe, au clapotis du flot,
Dans le concert hurlant des mourantes rafales.

Jules Laforgue, « Méditation grisâtre », *Premiers poèmes*, 1880.

C Le jeu des sonorités

Repères

L'alternance classique des rimes masculines et féminines (avec *e* muet) constitue la trame sonore du poème. Ces rimes entretiennent des échos sonores à l'intérieur des vers. Mais le jeu des sonorités passe aussi par les allitérations (répétitions de consonnes) et les assonances (répétitions de voyelles), qui expriment une réalité ou suggèrent des états d'âme.

3 Analyse

1. **Repérez, au moyen de couleurs différentes, le retour des quatre sons placés à la rime. Interrogez-vous : quels échos sonores trouvent-ils dans le poème ?** (2 points)

2. **Rapprochez les couples de mots ainsi créés. Quels sens nouveaux donne-t-ils au poème ? Complétez le tableau.** (3 points)

Dans le brouillard s'en vont un paysan cagneux
Et son bœuf lentement dans le brouillard d'automne
Qui cache les hameaux pauvres et vergogneux

Et s'en allant là-bas le paysan chantonne
Une chanson d'amour et d'infidélité
Qui parle d'une bague et d'un cœur que l'on brise

Oh! l'automne l'automne a fait mourir l'été
Dans le brouillard s'en vont deux silhouettes grises

Guillaume Apollinaire, *Alcools*, 1913.

Rimes et échos sonores	Interprétation
cagneux/vergogneux	Sons déplaisants (« gneu-gneu »), évoquant la pauvreté, la misère.
....	....
....	....
....	....

D Les images poétiques

Repères

Les images poétiques créent une réalité nouvelle en rapprochant des domaines différents qu'elles mettent sur le même plan. La comparaison, la métaphore, l'antithèse ou l'oxymore transfigurent l'univers pour lui donner un sens nouveau.

4 Analyse

1. **Surlignez dans les vers suivants les images poétiques qu'ils contiennent.** (2 points)

2. **Indiquez quelle réalité nouvelle est ainsi créée.** (3 points)

a) Sans regretter son sang qui coule goutte à goutte
Le pin verse son baume et sa sève qui bout (Théophile Gautier)

Le pin est personnifié à travers le mot « sang » (martyr, stoïque, souffrance).

b) Ta jupe en flottant au vent du soir
Gonflera ses plis comme des voiles (Jean Richepin)

....

c) Les yeux fixés sur moi, comme un tigre dompté
D'un air vague et rêveur elle essayait des poses (Charles Baudelaire)

....

d) L'empereur était là, debout, qui regardait.
Il était comme un arbre en proie à la cognée. (Victor Hugo)

....

BILAN .... / 20

36 Clés pour l'analyse d'une scène de théâtre

2de 1re

« Le théâtre a charge de représenter les mouvements de l'âme, de l'esprit, du monde, de l'histoire. »

Ariane Mnouchkine, metteure en scène.

A Les personnages de théâtre

Repères Le **personnage de théâtre** se caractérise par son **origine sociale**, son **histoire**, ses **valeurs**, ses **sentiments** et les **paroles** qu'il prononce. Son **caractère** peut se résumer à quelques traits particuliers (le personnage-type) ou être plus **complexe**. Les personnages **s'associent ou s'opposent** en fonction de l'intrigue.

1 Repérage

1. Observez la liste des personnages. Interrogez-vous : comment sont-ils classés par l'auteur ? (1 point)

2. Quels personnages vont s'opposer à l'amour de Chimène et Rodrigue ? Lesquels vont lui venir en aide ? Repérez-les au moyen de deux couleurs. (2 points)

3. Quelles valeurs Rodrigue incarne-t-il ? Surlignez-les dans le résumé de l'intrigue. (2 points)

Les personnages	L'intrigue
Don Fernand, premier roi de Castille. Dona Urraque, infante de Castille. Don Diègue, père de Don Rodrigue. Don Gomes, comte de Gormas, père de Chimène. Don Rodrigue, amant de Chimène. Don Sanche, amoureux de Chimène. Don Arias, gentilhomme castillan. Chimène, fille de Don Gomès. Léonor, gouvernante de l'Infante. Elvire, gouvernante de Chimène. Pierre Corneille, *Le Cid*, 1637.	Pour venger l'honneur de son père Don Diègue, Rodrigue doit affronter en duel le père de Chimène, dont il est amoureux. Déchiré entre l'amour et le devoir, il choisit, et tue Don Gomès. Chimène réclame alors la condamnation de Rodrigue au roi, bien qu'elle avoue l'aimer encore. Mais une invasion de l'Espagne par les Maures conduit Rodrigue à la guerre, où il se couvre de gloire. Désormais surnommé « le Cid » (le seigneur, le chevalier), il obtient le pardon du roi, qui lui offre en récompense de sa bravoure la main de Chimène.

B Le temps et l'espace scéniques

Repères Au théâtre, l'espace est limité à la scène, organisée par les didascalies, et le temps se concentre sur des moments essentiels. Ces aspects conditionnent l'écriture dramatique, car l'action se déroule sous les yeux des spectateurs. L'évocation du passé et de l'avenir, des événements extérieurs à la scène ne peuvent se faire qu'à travers les paroles des personnages.

2 Appropriation

1. Repérez ce qui, dans le dialogue, renvoie au passé des personnages. (1 point)

2. Quel est l'enjeu de l'action dramatique ? (1 point)

....

....

3. Sur une feuille à part, imaginez un dénouement à cette scène et rédigez la suite du dialogue. (3 points)

LÉONE. – Je veux rester avec vous. Que voulez-vous que j'aille faire avec eux ? J'ai lâché mon travail, j'ai tout lâché ; j'ai quitté Paris, ouyouyouille, j'ai tout quitté. Je cherchais justement quelqu'un à qui être fidèle. [...]
ALBOURY. – Les femmes parlent si vite ; je n'arrive pas à suivre.
LÉONE. – Vite, vous appelez cela vite ? quand cela fait au moins une heure que je ne pense qu'à cela, une heure pour y penser, et je ne pourrais pas dire que c'est du sérieux, du bien réfléchi, du définitif ?

Bernard-Marie Koltès, *Combat de nègre et de chiens*, Éd. de Minuit, 1989.

C L'échange de paroles

Repères Le dialogue théâtral, mais aussi le monologue, font avancer l'intrigue (parole, action) ou évoquent le passé ou l'avenir (parole, récit). Le jeu de la double énonciation (les personnages s'adressent aussi au public) met en lumière les tensions, les attirances ou les oppositions. L'étude de la tonalité des paroles prononcées, de la longueur et de la modalité des répliques permet ainsi de comprendre les enjeux du dialogue.

3 Repérage

Lorenzo. – Tu me demandes pourquoi je tue Alexandre ? Veux-tu donc que je m'empoisonne, ou que je saute dans l'Arno ? veux-tu donc que je sois un spectre, et qu'en frappant sur ce squelette… *(Il se frappe la poitrine.)* il n'en sorte aucun son ? Si je suis l'ombre de moi-même, veux-tu donc que je rompe le seul fil qui rattache aujourd'hui mon cœur à quelques fibres de mon cœur d'autrefois ! Songes-tu que ce meurtre, c'est tout ce qui me reste de ma vertu ? Songes-tu que je glisse depuis deux ans sur un rocher taillé à pic, et que ce meurtre est le seul brin d'herbe où j'aie pu cramponner mes ongles ? Crois-tu donc que je n'aie plus d'orgueil, parce que je n'ai plus de honte, et veux-tu que je laisse mourir en silence l'énigme de ma vie ? Oui, cela est certain, si je pouvais revenir à la vertu, si mon apprentissage du vice pouvait s'évanouir, j'épargnerais peut-être ce conducteur de bœufs...

Alfred de Musset, *Lorenzaccio*, 1834.

1. **Quelle est l'intention de Lorenzo ? Quel conflit l'oppose à son interlocuteur ?** (1 point)

....

....

2. **Repérez, dans sa tirade, les informations données par Lorenzo sur son passé, son présent et l'avenir qu'il envisage.** (1 point)

3. **Résumez les intentions et les motivations du héros.** (2 points)

....

....

....

4 Analyse

1. **Quelles informations Sganarelle apporte-t-il sur Dom Juan ? Surlignez-les.** (1 point)

2. **Relevez l'emploi du mode impératif. Qui domine l'échange ? Pourquoi ?** (2 points)

....

3. **À l'inverse, que nous apprennent les paroles de Sganarelle sur son caractère ? Dressez son portrait.** (3 points)

....

....

Dom Juan. – Ma foi ! tu ne te trompes pas, et je dois t'avouer qu'un autre objet a chassé Elvire de ma pensée.
Sganarelle. – Eh ! mon Dieu ! je sais mon Dom Juan sur le bout du doigt, et connais votre cœur pour le plus grand coureur du monde : il se plaît à se promener de liens en liens, et n'aime guère demeurer en place.
Dom Juan. – Et ne trouves-tu pas, dis-moi, que j'ai raison d'en user de la sorte ?
Sganarelle. – Eh ! Monsieur.
Dom Juan. – Quoi ? Parle.
Sganarelle. – Assurément que vous avez raison, si vous le voulez ; on ne peut pas aller là contre. Mais si vous ne le vouliez pas, ce serait peut-être une autre affaire.
Dom Juan. – Eh bien ! je te donne la liberté de parler et de me dire tes sentiments.
Sganarelle. – En ce cas, Monsieur, je vous dirai franchement que je n'approuve point votre méthode, et que je trouve fort vilain d'aimer de tous côtés comme vous faites.

Molière, *Dom Juan*, 1665.

BILAN .... / 20

37

Clés pour l'analyse d'un texte d'idées

2de 1re

> « La littérature nous met en garde contre les idées simples. En cela, elle agit différemment de l'idéologie. »
>
> Éric-Emmanuel Schmitt, dramaturge et romancier.

A Les objectifs de l'argumentation

Repères La littérature d'idées vise à **agir sur le lecteur**, à lui **faire partager une conviction**. L'émetteur de l'argumentation **défend** ou **attaque un point de vue**, **une opinion**, **une thèse**. Sa réussite s'appuie sur sa **capacité à trouver des arguments** adaptés au **destinataire**, au **contexte** et aux **objectifs** de l'argumentation : **accuser** ou **défendre**, **faire l'éloge** ou **le blâme**, **conseiller** ou **mettre en garde**.

1 Découverte

1. Déterminez le contexte de l'argumentation mise en place dans l'affiche suivante. (2 points)

Émetteur : ....

Destinataire : ....

Thèse défendue : ....

Objectif : ....

2. Reformulez le message en y intégrant l'argument apporté par le dessin. (1 point)

....

B Le développement d'une argumentation

Repères Celui qui argumente **défend une opinion** sur **un thème** donné, tout **en réfutant l'opinion adverse**. Il apporte des **arguments** ou réfute ceux de son adversaire par des **contre-arguments**. Pour être plus **convaincant**, il **s'implique dans son discours**, à travers les **pronoms personnels**, et **s'adresse** directement **à son destinataire**.

2 Analyse

1. Quel est le thème de l'argumentation ? Surlignez le champ lexical de la justice qui le développe. (1 point)

2. Soulignez les arguments apportés à l'appui de la thèse défendue. (2 points)

3. À travers quels indices personnels Victor Hugo désigne-t-il le destinataire de son argumentation ? (1 point)

....

4. Quel est l'objectif de Hugo dans cette préface ? (1 point)

....

5. Donnez un titre au texte, de manière à afficher la thèse défendue. (2 points)

Titre : ....

> Ceux qui jugent et qui condamnent disent la peine de mort nécessaire. D'abord, parce qu'il importe de retrancher de la communauté sociale un membre qui lui a déjà nui et qui pourrait lui nuire encore. S'il ne s'agissait que de cela, la prison perpétuelle suffirait. À quoi bon la mort ? Vous objectez qu'on peut s'échapper d'une prison ? Faites mieux votre ronde[1]. Si vous ne croyez pas à la solidité des barreaux de fer, comment osez-vous avoir des ménageries ?
> Pas de bourreau où le geôlier[2] suffit.
>
> Victor Hugo, Préface au *Dernier jour d'un condamné*, 1832.

1. votre ronde : votre surveillance.
2. geôlier : gardien de prison.

C L'organisation du texte

Repères L'organisation du discours argumentatif est fondamentale. Elle s'appuie sur un plan cohérent qui en fait apparaître la logique à la manière d'une démonstration. Ses différentes étapes sont reliées entre elles par des connecteurs, qui en soulignent la progression. Des exemples viennent illustrer les arguments, afin de les rendre plus concrets et convaincants.

3 Repérage

1. **Surlignez les mots-clés de la thèse défendue.** (1 point)

2. **Repérez l'argument et l'exemple apportés.** (1 point)

3. **Encadrez les connecteurs.** (1 point)

Les jeux les plus susceptibles d'entraîner une dépendance chez les sujets fragiles ont leurs caractéristiques : il s'agit des jeux en réseaux dans lesquels on peut incarner une figure héroïque. Ils n'ont pas de fin et sont en outre « chronophages », c'est-à-dire qu'ils exigent un temps de présence élevé. Lorsqu'on appartient à une guilde d'élite, on est contraint de jouer un minimum de trois fois par semaine, de 21 heures à 1 heure du matin, ce qui favorise bien évidemment cette dépendance.

Michael Stora, *Les écrans, ça rend accro… ça reste à prouver*, Éd. Hachette, 2007.

D L'éloquence et les procédés de la rhétorique

Repères La littérature d'idées s'adresse d'abord à la raison du destinataire pour le convaincre, mais aussi à ses sentiments pour le persuader. L'argumentation est mise en valeur à travers des figures de style (la rhétorique), une tonalité (pathétique, comique, polémique…) et une mise en scène (la voix, le langage non verbal, le décor).

4 Analyse

1. **Repérez les figures de style utilisées en vous aidant de la légende.** (2 points)

: vocabulaire dévalorisant

: antithèses

: comparaisons et métaphores

2. **Dans quelle tonalité l'argumentation s'inscrit-elle ?** (1 point)

……………………………………………………………

3. **Reformulez la thèse défendue par l'auteur.** (1 point)

……………………………………………………………

La télévision

Elle est sale. Même propre elle est sale. Elle est couverte d'or et d'excréments, d'enfants et de casseroles. Elle règne partout. Elle est comme une reine grasse et sale qui n'aurait plus rien à gouverner, ayant tout envahi, ayant tout contaminé de sa saleté foncière. Personne ne lui résiste. Elle règne en vertu d'une attirance éternelle vers le bas, vers le noir du temps. Elle est dans les prisons comme un calmant. Elle est en permanence dans certains pavillons d'hôpitaux psychiatriques. C'est dans ces endroits qu'elle est le mieux à sa place : on ne la regarde pas, on ne l'écoute pas, on la laisse radoter dans son coin, on met devant elle ceux dont on ne sait plus quoi faire.

Christian Bobin, *L'inespérée*, 1994.

4. **Complétez et poursuivez l'analyse.** (3 points)

Analyse : Dans cet extrait de son roman *L'inespérée*, Christian Bobin s'en prend violemment à la télévision. Selon lui, la télévision est « ………………………… ». Il apporte un certain nombre d'arguments pour justifier son point de vue. D'abord, ……………………………………………………………

……………………………………………………………

……………………………………………………………

……………………………………………………………

……………………………………………………………

……………………………………………………………

BILAN ………. / 20

38 Préparer le commentaire

2de 1re

« Vous ne sauriez apporter dans cet ouvrage [*Le Commentaire sur Corneille*] trop de soin, d'exactitude, et même de minutie. »

D'Alembert à Voltaire, philosophe des Lumières.

A Analyser le texte à commenter

Repères **Une première lecture** du texte permet de définir ses **principales caractéristiques** : le **genre**, le **contexte** (période, auteur, mouvement), le **thème** dominant, la **tonalité**, la **composition** d'ensemble. **Une lecture minutieuse** s'attache ensuite à rechercher ce qui fait **l'originalité du texte**, à travers son **analyse linéaire** : système énonciatif, réseaux lexicaux, figures de style, rythme et sonorités de la phrase ou du vers.

1 Analyser

Les marronniers du Luxembourg[1]
Attrapent un soleil manifeste.
J'ai envie de faire l'amour ;
Ordinairement, je me déteste.

Pourquoi tout cet or répandu
Dans les rayons du ciel d'octobre ?
Il faudrait croire qu'on a vécu
Qu'on disparaît, concis et sobre,

Et sans regret. Que de mensonges…
Pourquoi faire croire qu'on est heureux ?
Je me remplis comme une éponge.

Michel Houellebecq, *Renaissance*, Éd. Flammarion, 1999.

1. Luxembourg : le jardin du Luxembourg, à Paris.

1. Définissez les caractéristiques générales du texte à commenter. (4 points)

Auteur : ....

Date de publication : ....

Titre du recueil : ....

Genre : ....

Thème(s) : ....

Tonalité : ....

Composition d'ensemble : ....

....

2. Complétez le tableau de manière à effectuer l'analyse linéaire du poème. (6 points)

Analyse du poème	
Strophes	....
Rimes	....
Mesure des vers	....
Syntaxe et rythme	....
Images et figures de style	....
Sentiments exprimés	....

B Définir la problématique

Repères L'analyse minutieuse du texte et les pistes de lecture doivent permettre de rédiger au brouillon, en une ou deux phrases, la problématique du commentaire. Une problématique est une question posée sur le texte, qui va permettre de dire ce qui fait son intérêt. C'est elle qui guidera la construction du plan.

2 Transformer

Reformulez sous forme de question chaque affirmation suivante. (2 points)

a) C'est dans cette scène que se noue le conflit tragique qui oppose les personnages.

....

b) L'orateur met toute son éloquence au service de la cause qu'il défend.

....

....

3 Analyser

1. Surlignez les mots qui vont orienter la lecture des textes à commenter. (1 point)

2. Soulignez ceux qui serviront de titres aux deux grandes parties du plan. (1 point)

Sujet : Vous commenterez l'ouverture du roman de Simenon en vous aidant du parcours de lecture suivant :
– vous montrerez comment le narrateur installe une atmosphère angoissante autour de la boutique ;
– vous montrerez que ce climat nous prépare à repérer le comportement trouble du personnage principal.

C Construire le plan

Repères Les grandes parties doivent comporter deux ou trois sous-parties qui développeront chacune un aspect de la piste de lecture. Ces sous-parties s'appuient sur les idées, les thèmes, les procédés d'écriture repérés au moment de l'analyse initiale du texte. Elles renvoient au texte par des citations, qui serviront à illustrer les différents points abordés par le commentaire.

4 Écrire

1. Lisez attentivement le texte et le sujet proposés. Après avoir fait l'analyse détaillée, proposez une problématique. (2 points)

2. Sur une feuille à part, complétez le plan proposé au moyen de vos observations sur le texte. (4 points)

Le sujet. Vous ferez le commentaire de l'extrait de *L'Étranger* en vous aidant du parcours de lecture suivant :
– Vous montrerez comment s'installe entre les deux personnages un étrange dialogue amoureux.
– Vous montrerez que le personnage de Meursault apparaît comme « étranger » à sa propre existence.

Le soir, Marie est venue me chercher et m'a demandé si je voulais me marier avec elle. J'ai dit que cela m'était égal et que nous pourrions le faire si elle le voulait. Elle a voulu savoir alors si je l'aimais. J'ai répondu comme je l'avais déjà fait une fois, que cela ne signifiait rien mais que sans doute je ne l'aimais pas. « Pourquoi m'épouser alors ? » a-t-elle dit. Je lui ai expliqué que cela n'avait aucune importance et que si elle le désirait, nous pouvions nous marier. [...] Elle a murmuré que j'étais bizarre, qu'elle m'aimait sans doute à cause de cela mais que peut-être un jour je la dégoûterais pour les mêmes raisons. Comme je me taisais, n'ayant rien à ajouter, elle m'a pris le bras en souriant et elle a déclaré qu'elle voulait se marier avec moi. J'ai répondu que nous le ferions dès qu'elle le voudrait.

Albert Camus, *L'Étranger*, Éd. Gallimard, 1942.

La problématique : ....

....

Le plan à compléter :
I. Un dialogue amoureux étrange
II. Un héros de roman singulier

BILAN .... / 20

39 Rédiger l'introduction et la conclusion

2de 1re

« Il faut patiemment et sans relâche construire, organiser, ordonner. »
Michel Tournier, romancier.

A L'introduction du commentaire

Repères L'introduction présente d'abord le texte à commenter (thème, auteur, mouvement…). Elle évoque ensuite l'un de ses principaux aspects – son genre, sa construction, sa tonalité, les personnages présents – pour introduire la problématique qui guide le parcours de lecture. Elle annonce enfin le plan du commentaire au moyen de deux ou trois questions ou affirmations.

1 Observation

1. Séparez au moyen de barres obliques les quatre étapes de cette introduction. (1 point)

2. Surlignez les connecteurs utilisés. Quelle est leur fonction ? (1 point)

....

....

....

3. Reformulez l'annonce du plan sous la forme de deux questions. (2 points)

....

....

....

....

Romancier, philosophe, dramaturge, Albert Camus est avant tout un écrivain engagé qui devient célèbre grâce à L'Étranger, publié en 1942. Le roman doit son titre au personnage principal, Meursault, que l'on découvre en effet bien étrange dans ce passage, face à celle qui est venue lui demander de l'épouser. Ainsi, là où le lecteur s'attend à un dialogue passionné entre deux êtres, il ne trouve qu'un échange de paroles déroutantes ou glaciales, comme si le héros n'acceptait pas d'éprouver de sentiments. Nous verrons donc dans un premier temps comment ce passage remet en cause la tradition du dialogue amoureux, puis, dans un second temps, nous verrons dans quelle mesure le narrateur apparaît comme un personnage singulier, très différent des héros de romans traditionnels.

2 Entraînement

1. Surlignez dans le texte les éléments qui correspondent aux pistes de lecture fournies par le sujet. (2 points)

2. Sur une feuille à part, après avoir réuni les informations nécessaires sur Voltaire et *Candide*, poursuivez l'introduction proposée. (4 points)

Sujet : Vous commenterez l'extrait de *Candide* en montrant :
- comment Voltaire dénonce le fanatisme religieux ;
- comment il utilise l'ironie pour convaincre ses lecteurs.

Après le tremblement de terre qui avait détruit les trois quarts de Lisbonne, les sages du pays n'avaient pas trouvé un moyen plus efficace pour prévenir une ruine totale que de donner au peuple un bel autodafé[1] ; il était décidé par l'université de Coïmbre que le spectacle de quelques personnes brûlées à petit feu, en grande cérémonie, est un secret infaillible pour empêcher la terre de trembler. […] Candide fut fessé en cadence, pendant qu'on chantait ; le Biscayen et les deux hommes qui n'avaient point voulu manger de lard furent brûlés, et Pangloss fut pendu, quoique ce ne soit pas la coutume. Le même jour la terre trembla de nouveau avec un fracas épouvantable.

Voltaire, *Candide*, 1759.

1. autodafé : cérémonie religieuse visant à punir par le feu.

L'introduction : *Voltaire symbolise l'esprit des Lumières, qui dénonce* .... *. Candide lui permet d'aborder de manière plaisante les questions les plus* .... *. Ainsi, le héros* ....

....

....

B Rédiger la conclusion du commentaire

Repères

La conclusion rappelle d'abord les réponses données aux questions posées à la fin de l'introduction en résumant **le parcours de lecture suivi**. Elle **apporte** ensuite **une réflexion personnelle** sur le texte ou son auteur, le mouvement auquel il appartient ou le genre littéraire du texte. Elle doit être **particulièrement soignée** pour laisser une dernière **impression favorable**.

3 Analyse

1. Quelle histoire le sonnet raconte-t-il ? (2 points)

....

2. Surlignez dans le poème les éléments qui correspondent au parcours de lecture proposé. (4 points)

Résumé du parcours de lecture :
Laforgue, poète hanté par le mal de vivre et le sentiment d'échec (le « spleen »), raconte dans ce sonnet **une journée ordinaire placée sous le signe de l'ennui**. Mais il renouvelle le thème baudelairien du spleen par **son sens de l'humour et de la dérision**.

Spleen

Tout m'ennuie aujourd'hui. J'écarte mon rideau.
En haut ciel gris rayé d'une éternelle pluie.
En bas la rue où dans une brume de suie
Des ombres vont, glissant parmi les flaques d'eau.

Je regarde sans voir fouillant mon vieux cerveau,
Et machinalement sur la vitre ternie
Je fais du bout du doigt de la calligraphie.
Bah ! sortons, je verrai peut-être du nouveau.

Pas de livres parus. Passants bêtes. Personne.
Des fiacres, de la boue, et l'averse toujours...
Puis le soir et le gaz et je rentre à pas lourds...

Je mange, et bâille, et lis, rien ne me passionne...
Bah ! Couchons-nous. – Minuit. Une heure. Ah ! chacun dort !
Seul je ne puis dormir et je m'ennuie encor.

Jules Laforgue, « Spleen », 1880.

4 Confrontation

Les deux textes concluent le commentaire du poème de Jules Laforgue.
Quelles qualités et quels défauts les conclusions présentent-elles ? Complétez le tableau. (4 points)

Conclusion A : Le poème de Jules Laforgue parle donc de l'ennui d'une journée où il ne se passe rien de rien. C'est pour ça qu'il l'a appelé « Spleen ». Baudelaire aussi a écrit un poème du même titre. On voit donc qu'au 19e siècle, les poètes s'interrogent sur l'homme et la société. Aujourd'hui, c'est pareil. Comme pour les rappeurs par exemple, mais les temps ont changé et on s'ennuie moins qu'à l'époque.

Conclusion B : Le sonnet de Jules Laforgue raconte donc une journée ordinaire du poète, placée du premier au dernier vers sous le signe de l'ennui. Mais, contrairement à Baudelaire, le poète sait aussi faire preuve d'humour et de dérision. Laforgue lui rend ainsi hommage, tout en montrant que les sentiments doivent être relativisés : ce « spleen » est d'abord un règlement de comptes avec lui-même. Ce thème se retrouve aujourd'hui encore sous la plume – ou le clavier – de nombreux poètes. Lorsqu'ils évoquent le sentiment de révolte qu'ils ressentent contre leurs lieux de vie, les rappeurs poursuivent aujourd'hui, à leur manière, cette tradition poétique.

Conclusion A	Conclusion B
....	....
....	....
....	....
....	....
....	....
....	....

BILAN .... / 20

40 Rédiger le commentaire

2de 1re

« La vie est un brouillon, finalement. Quand c'est à peu près propre et sans coquilles, c'est fini, on n'a plus qu'à partir. »

Justine Lévy, romancière.

A Le développement du commentaire

Repères Le développement se présente sous la forme de **deux ou trois grandes parties** correspondant aux pistes de lecture du sujet. Chaque partie se compose d'**une suite de paragraphes**, qui suivent l'**ordre établi par le plan**. Chaque paragraphe développe **un argument qui justifie l'idée directrice de la grande partie** en se fondant sur **une analyse détaillée du texte**.

1 Observation

1. Combien de grandes parties comporte le plan suivant ? (1 point)

....

2. Repérez les pistes de lecture suivies par le commentaire. (1 point)

3. De combien de paragraphes se compose chaque grande partie ? (1 point)

....

4. Surlignez les arguments qui justifient chaque idée directrice. (1 point)

5. Soulignez les exemples et les citations qui appuient l'analyse détaillée du texte. (1 point)

I. Une journée marquée par l'ennui

1. Structure du sonnet : progression du poème, du matin (« aujourd'hui ») jusqu'à la nuit (v. 12)
2. Facteur favorisant le spleen : le mauvais temps (strophe 1) + relevé lexical
3. Tentatives pour remédier au spleen = échec : la sortie, la lecture, le repas… le quotidien est terne

Transition : Ces échecs répétés pour sortir du spleen pourraient sembler pathétiques, si le poète n'avait pas choisi le ton de l'humour.

II. Le spleen selon Laforgue

1. Décalage parodique par rapport à Baudelaire : angoisse ≠ lassitude, moquerie (v. 5)
2. Inscription du spleen dans la banalité quotidienne : le dehors (« passants bêtes ») et le dedans (du poète) sont identiques
3. Ton détaché, simple (v. 8 et 13) ≠ grandiloquence, emphase poétique : le rythme du sonnet proche de celui de la prose + l'univers décrit proche de celui de la réalité

B L'organisation d'un paragraphe

Repères Il commence par **la formulation de l'argument** qui justifie l'idée directrice de la grande partie. Il continue par **l'explication des citations** qui illustrent l'argument. Il se termine par **une phrase de conclusion** qui amorce l'argument suivant. Des **connecteurs** soulignent **la progression de l'analyse**.

2 Observation

1. Surlignez l'idée directrice de la partie, l'argument annoncé et enfin, la phrase qui amorce l'argument suivant. (2 points)

2. Encadrez les connecteurs. (1 point)

3. Complétez le paragraphe au moyen des citations qui conviennent (texte de Voltaire page 81). (2 points)

Pour mieux dénoncer l'inquisition et les préjugés des religieux, Voltaire utilise toutes les figures de l'ironie. C'est ainsi que le narrateur fait semblant de comprendre le point de vue de ses adversaires en utilisant des termes mélioratifs : « .... », « .... », « .... ». Mais cette admiration fait contraste avec la cruauté des châtiments imposés aux personnages : Candide est « .... », Pangloss est « .... », les autres personnes sont « .... ». La dernière phrase de l'extrait (« .... ») fait cependant comprendre au lecteur le caractère cruel et injuste de toute cette cérémonie.

C Rédiger les paragraphes du développement

Repères Une **présentation soignée** rend visible **la construction du devoir** : **un alinéa** signale le début de chaque paragraphe, **des blancs** séparent chaque grande partie du développement. Des **connecteurs organisent** la progression de **la pensée**. Les **citations** sont **expliquées et mises entre guillemets**. Les **phrases** sont **courtes** et correctement **ponctuées**.

3 Commentaire

1. **Ces citations caractérisent un personnage féminin. Surlignez les comparaisons et métaphores qu'elles contiennent.** (2 points)

1. Son nez osseux était luisant et recourbé comme le bec d'un gypaète.
2. La paupière bistrée s'abaissait et se relevait comme une aile de chauve-souris.
3. On eût pu entrevoir ses prunelles fauves comme celles d'un hibou.
4. Elle se glissa comme un reptile dans la cabane.
5. Elle déplia lentement ses membres d'araignée.

Théophile Gautier, *Le Roman de la momie*, 1857.

2. **Complétez et poursuivez le paragraphe de commentaire en citant trois de ces images (comparaisons et métaphores).** (3 points)

C'est un portrait inquiétant que .... dresse de son personnage féminin dans son roman intitulé .... En effet, chaque trait de sa personnalité, physique ou morale, est associé à ....

....

....

....

....

....

....

4 Commentaire

1. **Repérez les procédés de l'éloquence oratoire utilisés par Bossuet pour captiver son auditoire : champ lexical du tragique, fausse question, parallélisme, exclamation.** (1 point)

2. **Sur une feuille à part, en vous aidant du plan, rédigez le paragraphe de commentaire correspondant à cet aspect du texte.** (4 points)

Le plan du paragraphe :

Éloquence du sermon, destiné à frapper l'auditoire
- *Tonalité tragique adaptée aux circonstances*
- *Nombreux parallélismes (rythme binaire)*
- *Modalité exclamative et faussement interrogative*
- *Implication de l'auditoire par les pronoms*

Conclusion : expression d'une douleur commune et partagée.

Ô nuit désastreuse ! ô nuit effroyable, où retentit tout à coup, comme un éclat de tonnerre, cette étonnante nouvelle : Madame[1] se meurt ! Madame est morte ! Qui de nous ne se sentit frappé à ce coup, comme si quelque tragique accident avait désolé sa famille ? Au premier bruit d'un mal si étrange, on accourut à Saint-Cloud de toutes parts ; on trouve tout consterné, excepté le cœur de cette princesse. Partout on entend des cris ; partout on voit la douleur et le désespoir, et l'image de la mort. Le Roi, la Reine, Monsieur[2], toute la cour, tout le peuple, tout est abattu, tout est désespéré.

Bossuet, *Oraison funèbre d'Henriette d'Angleterre*, prononcée le 21 août 1670.

1. Madame : Henriette d'Angleterre, épouse du frère du roi Louis XIV, morte brutalement à vingt-six ans.
2. Monsieur : le frère du roi.

BILAN .... / 20

41 S'appuyer sur une œuvre intégrale

2de 1re

« Ce qui m'importe à moi lecteur (et en vérité, c'est mon devoir) c'est d'avoir une impression personnelle, c'est d'avoir une impression bien à moi. »

Émile Faguet, critique littéraire.

A L'entrée dans l'œuvre

Repères Avant de lire un **roman**, un **recueil de poèmes**, un **essai** ou une **pièce de théâtre**, il peut être nécessaire d'en faire une **première approche**, afin d'en **faciliter la compréhension**. La **couverture** et la **quatrième de couverture**, une **biographie** de l'auteur, une recherche Internet sur **les contextes historique et littéraire** de la publication apportent des informations souvent **indispensables**.

1 Observation

1. Surlignez les informations de cette 4e de couverture : l'histoire racontée, l'auteur et son époque, les thèmes. (1 point)

2. Quels mots, parmi ces informations, nécessiteraient pour vous une recherche ? (1 point)

....

3. Qui est-ce qui vous donne envie (ou pas) de lire ce roman ? (1 point)

....

....

4. Comment expliquez-vous le titre ? (2 points)

....

....

BORIS VIAN

L'ÉCUME DES JOURS

Un titre léger et lumineux qui annonce une histoire d'amour drôle ou grinçante, tendre ou grave, fascinante et inoubliable, composée par un écrivain de vingt-six ans. C'est un conte de l'époque du jazz et de la science-fiction, à la fois comique et poignant, heureux et tragique, féerique et déchirant.
Dans cette œuvre d'une modernité insolente, livre-culte, Duke Ellington croise le dessin animé, Sartre devient une marionnette burlesque, la mort prend la forme d'un nénuphar, le cauchemar va jusqu'au bout du désespoir.
Seules deux choses demeurent éternelles et triomphantes : le bonheur ineffable de l'amour absolu et la musique des Noirs américains…

B La lecture du texte

Repères Pour **s'imprégner** de l'œuvre à étudier, **deux lectures** au moins sont nécessaires. La **lecture cursive** est une **lecture plaisir**, sans souci des problématiques posées par l'auteur. La **seconde lecture** est **minutieuse**. Elle permet de repérer **les passages les plus importants** du livre étudié, ses **temps forts**, dont font partie le **sommaire** et une éventuelle **préface**.

2 Application

1. Observez ce sommaire des *Contes de la Bécasse*, de Guy de Maupassant (1883). Interrogez-vous : à quel univers le titre du recueil ainsi que ceux des nouvelles renvoient-ils ? (1 point)

....

2. Choisissez l'une de ces nouvelles et lisez-la sur votre téléphone ou une tablette. Faites-en le résumé en dix lignes. (2 points)

3. Sur une feuille à part, présentez sous la forme de deux ou trois paragraphes, les temps forts de la nouvelle, une problématique développée par l'auteur, et une citation qui illustre le récit. (2 points)

1. La Bécasse (1882)
2. Ce cochon de Morin (1882)
3. La Folle (1882)
4. Pierrot (1882)
5. Menuet (1882)
6. La Peur (1882)
7. Farce normande (1882)
8. Les Sabots (1883)
9. La Rempailleuse (1882)
10. En mer (1883)
11. Un Normand (1882)

C La prise de notes

Repères

Au fil de la lecture, on peut prendre des notes ou surligner les passages les plus intéressants directement sur les pages du livre étudié. On peut aussi utiliser des post-it, qui ont l'avantage de marquer les pages importantes. Il n'est pas nécessaire de rédiger, mais plutôt de noter des impressions de lecture, des interrogations, des constats ou des rapprochements.

3 Application

1. **Quelles remarques pourriez-vous associer aux premiers mots du chapitre, sachant que le roman débute par l'expression « Il était encore une fois deux hommes » ?** (2 points)

....

....

2. **Quelles impressions ce nouveau personnage produit-il ? Notez-les en fonction des termes surlignés en vert.** (1 point)

....

....

3. **Interrogez-vous : quelles autres remarques pourriez-vous ajouter sur la narration, le style ?** (1 point)

Il était encore une fois deux hommes qui roulaient sur le boulevard périphérique extérieur dans une 504 bleu métallisé au son de la Marche consulaire à Marengo exécutée par la musique de la Garde républicaine, que diffusaient deux haut-parleurs placés de part et d'autre de l'habitacle. Peu après la porte Champerret, la voiture se trouve coincée dans un embouteillage et l'homme qui la conduisait se mit à jurer. Il était assez grand, ses épaules étaient larges, il portait un costume bleu et une cravate bleue. Ses cheveux étaient brun foncé, ses yeux étaient humides et son visage couperosé s'ornait d'un réseau de veinules écarlates, d'une densité comparable à l'hydrographie de la Beauce. Il s'appelait Guilvinec, il était né à Bannalec, c'était écrit sur une carte barrée de tricolore qu'il détenait dans sa poche intérieure. Il représentait la loi. C'était sa profession.

Jean Echenoz, *Cherokee*, chapitre 13, Éd. de Minuit, 1983.

D Le rôle du carnet de lecteur

Repères

Le carnet de lecteur, qui sera conservé jusqu'en Terminale, présente l'avantage de réunir les notes personnelles sur l'œuvre, la synthèse des analyses faites en classe, des illustrations recueillies durant l'année, un écrit d'appropriation, la confrontation de l'œuvre avec une adaptation pour le cinéma ou sa mise en scène…

4 Application

Recopiez et complétez ce sommaire : il présente le chapitre d'un carnet de lecteur consacré à la dernière œuvre intégrale que vous avez lue. Ajoutez-y les travaux personnels que vous avez pu consacrer à cette lecture. (6 points)

Sommaire

1. Titre/genre/date : ....
2. Auteur : ....
3. Contexte historique et littéraire : ....
....
4. Résumé/présentation de l'œuvre : ....
....
5. Mes premières impressions de lecture : ....
....
6. Iconographie : ....
7. ....
8. ....

BILAN .... / 20

42 Analyser le sujet de la dissertation

2de 1re

« Il ne faut pas avoir peur de ses propres idées, ni peur de les exprimer, quand même elles vont à l'encontre des idées admises. »

Paul Léautaud, dramaturge et théoricien du théâtre.

A La problématique du sujet

Repères Le sujet prend la forme d'une citation, d'une question ou de l'affirmation d'un point de vue. Son analyse doit permettre de définir précisément la problématique, liée à l'œuvre étudiée et au parcours de lecture. C'est la formulation du sujet qui va guider la recherche des idées personnelles.

1 Découverte

Associez à chaque mot interrogatif du sujet la démarche attendue dans la réponse. (2 points)

En quoi... ? •	• *On attend une discussion de l'affirmation.*
Dans quelle mesure... ? •	• *On s'interroge sur la pertinence d'une affirmation.*
Peut-on dire... ? •	• *On s'interroge sur le degré de vérité d'une affirmation.*
Comment... ? •	• *On se demande de quelle manière une affirmation est vraie.*

2 Reformulation

1. Les mots-clés du sujet ont été surlignés. Étudiez leurs possibles significations en complétant le tableau. (3 points)

Sujet : En vous appuyant sur votre lecture de *L'île des esclaves* de Marivaux, ainsi que sur celle des textes et œuvres associés, vous réfléchirez à cette question : le valet au théâtre a-t-il seulement pour fonction de faire rire ?

Le valet au théâtre	Faire rire
Définition :	Sens premier du mot : ....
Exemples :	Synonymes : ....
Types :	Antonymes : ....
Fonctions :	Destinataires du rire : ....
Autres :	Fonctions du rire : ....

2. Quelle reformulation du sujet vous paraît la plus pertinente ? (2 points)

1. Comment le valet fait-il rire au théâtre ?
2. Le valet de théâtre fait-il vraiment rire ?
3. Qu'apporte le personnage du valet dans une comédie ?
4. À quoi sert le valet dans une pièce de théâtre ?
5. Le valet de comédie fait-il toujours rire ?
6. Le valet de comédie fait-il seulement rire ?
7. Quels problèmes le personnage du valet met-il en évidence dans une pièce de théâtre ?

3 Analyse

1. Surlignez, dans le sujet ci-contre, les mots-clés qui vont guider la réflexion. (1 point)

2. Sur une feuille à part, expliquez en une phrase la stratégie argumentative attendue. Puis reformulez la problématique du sujet. (2 points)

Sujet : « On ne peut corriger les hommes qu'en les faisant voir tels qu'ils sont », déclare Beaumarchais dans la préface du *Mariage de Figaro*. Peut-on dire que l'objectif que se fixe le dramaturge est atteint ? Vous répondrez à cette question en vous appuyant sur votre lecture de la pièce et du parcours étudié.

B La recherche des idées

Repères C'est au brouillon que la dissertation commence. On y note et on y rassemble le matériel de la rédaction. Il faut **rechercher les idées**, **les arguments**, **les citations** et **les exemples** qui permettront de **mettre au point le plan de l'argumentation**. Il s'agit de rassembler **les notions et les savoirs liés à l'œuvre et au parcours étudiés**. Pour cela, il faut mobiliser **ses connaissances personnelles**.

4 Analyse

1. Surlignez les mots-clés du sujet de dissertation. (1 point)

2. Parmi les idées proposées sur le sujet, rayez celles qui vous paraissent hors-sujet. (1 point)

3. Surlignez les idées utiles selon qu'elles valident ou qu'elles nuancent le point de vue exprimé dans le sujet. (2 points)

Sujet de dissertation : Pour Baudelaire, le poète doit être capable de tout peindre, « tout ce qu'il y a de plus doux et tout ce qu'il y a d'horrible ». Dans quelle mesure votre lecture des *Fleurs du mal* et du parcours associé correspond-elle à cette affirmation ?

Idées proposées :

– Baudelaire présente le poète comme un être à part (l'albatros, « prince des nuées », mais prince « exilé »).
– La poésie met en évidence les qualités et les défauts des hommes (ex. : La Fontaine, Boileau, Prévert).
– Le rôle du « spleen », qui noircit le monde (sensibilité exacerbée).
– La ville moderne et ses laideurs, décrites dans le recueil.
– Les poèmes interdits sont-ils « laids » ?
– Les surréalistes laissent parler leur imaginaire pour dénoncer la cruauté du monde réel (Breton et l'écriture automatique).
– Le poète = celui qui est capable de déchiffrer les réalités cachées (la « boue et l'or »).
– L'influence du romantisme.
– Le langage poétique est une interrogation des problèmes, les laideurs du monde (ex. : Corbière).

5 Analyse

Sujet : En vous appuyant sur le roman de Flaubert que vous avez étudié, ainsi que sur le parcours qui lui a été associé, vous vous demanderez dans quelle mesure un personnage médiocre peut être un héros de roman.

1. Le sujet vous demande d'abord de (1 point)

☐ justifier ☐ discuter ☐ nuancer ☐ analyser

2. Complétez la problématique proposée. (2 points)

Problématique : Le roman présente-t-il nécessairement des personnages .... ou peut-il se contenter de présenter au lecteur des parcours .... ?

3. Repérez dans le résumé de l'œuvre étudiée les premiers éléments de réponse au sujet. (1 point)

Le résumé : S'opposant aux héros de la tradition romanesque, Flaubert raconte la vie de personnages ordinaires, Charles et Emma Bovary, plongés dans une existence monotone dans la campagne normande. Emma rêve d'une vie intense, passionnée, romanesque. Mais la réalité de la vie conjugale ne correspond pas à ses attentes. Elle tombe peu à peu dans la mélancolie, malgré la naissance de sa fille, Berthe. Son mari, trop simple, la déçoit. Ses liaisons amoureuses sont des échecs. Endettée, désespérée, elle finit par se suicider. Et Charles, à son tour, meurt de chagrin… « Ma pauvre Bovary, sans doute, souffre et pleure dans vingt villages de France à la fois, à cette heure même », écrit Flaubert.

4. Complétez ces éléments de réponse au moyen d'autres exemples, tirés de vos connaissances personnelles. (2 points)

....

....

....

....

BILAN .... / 20

43 Construire le plan de la dissertation

2de 1re

« Découvrir. Construire. Fonder. Créer. Façonner. Forger. Produire. On pourrait presque retracer l'histoire de l'humanité à partir de ces seuls verbes. »

Maïssa Bey, romancière.

A Les types de plans

Repères Le plan analytique répond au sujet dont l'objectif est de valider une thèse. Le sujet demande alors de développer, expliquer ou « dire en quoi… » l'affirmation ou la citation s'applique à une œuvre. Le plan dialectique répond au sujet qui appelle une confrontation de points de vue. Le sujet demande alors de discuter, nuancer ou réfuter une affirmation ou une citation.

1 Repérage

1. Repérez les mots-clés des sujets suivants. (2 points)

2. Indiquez, pour chacun des sujets, si vous adopteriez un plan analytique ou un plan dialectique. (2 points)

Sujet 1 : Dans *Le Barbier de Séville*, Beaumarchais fait dire à Figaro : « Je me presse de rire de tout, de peur d'être obligé d'en pleurer. » Cette formule vous paraît-elle s'appliquer à la comédie que vous avez étudiée, et, plus largement, à la fonction des valets de comédie au théâtre ?

Type de plan envisagé : ....

Sujet 2 : Dans quelle mesure la forme épistolaire facilite-t-elle l'adoption d'un regard critique sur la société du XVIIIe siècle ? Vous répondrez à cette question en vous appuyant sur les *Lettres persanes* de Montesquieu et les textes qui ont été associés à votre étude de l'œuvre.

Type de plan envisagé : ....

Sujet 3 : Paul Verlaine voit dans Rimbaud un « poète maudit », à la fois par le regard qu'il porte sur la société et par sa conception de l'écriture poétique. En quoi votre lecture de l'œuvre au programme et du parcours qui lui était associé vous permet-elle de justifier cette affirmation ?

Type de plan envisagé : ....

2 Application

1. Repérez les mots-clés des sujets suivants. (2 points)

2. Proposez, pour chaque sujet, les trois grandes parties du plan envisagé. (4 points)

Sujet 1 : En vous appuyant sur votre lecture du roman que vous avez étudié durant l'année, ainsi que sur les textes qui lui ont été associés, vous réfléchirez à la question suivante : « Peut-on dire que le personnage de roman soit le reflet de la morale et de la société de son temps ? »

Sujet 2 : « C'est un métier de faire un livre, comme de faire une pendule », écrit La Bruyère. En quoi cette affirmation s'applique-t-elle à l'œuvre que vous avez étudiée durant l'année ?

Sujet 1 : plan envisagé

Type de plan : ....

I. ....

II. ....

III. ....

Sujet 2 : plan envisagé

Type de plan : ....

I. ....

II. ....

III. ....

B La construction du plan

Repères Le plan de la dissertation organise et classe dans deux ou trois parties les idées directrices, les arguments et les exemples recueillis à partir de la problématique du sujet. Les parties du plan confrontent les différents points de vue qui rendent compte de tous les aspects de la problématique.

3 Analyse

1. Surlignez les mots-clés du sujet. (1 point)

Sujet : « Les passions peuvent me conduire ; mais elles ne sauraient m'aveugler ». Dans quelle mesure cette phrase éclaire-t-elle le roman de Madame de la Fayette que vous avez étudié ? Vous répondrez à cette question en vous appuyant sur des références précises à *La Princesse de Clèves* et aux lectures qui lui ont été associées pendant l'année.

2. Reformulez la problématique du sujet. (1 point)

....

3. Surlignez dans l'extrait du plan proposé (1 point) **:**
- **l'idée directrice de la grande partie ;**
- **les arguments apportés ;**
- **les exemples qui les illustrent.**

Le plan de la dissertation (extrait, partie I)

I. *C'est la « passion » qui conduit les personnages*

1. Le « coup de foudre », forme de fatalité
Le bal, élément déclencheur du récit
2. L'amour et la souffrance
Dilemme de l'héroïne/souffrance des deux hommes qui l'aiment
Aveux Prince et Duc
3. La passion vs l'éducation reçue
Les projets de mariage / les bienséances

4. Proposez un titre pour une seconde partie. (1 point)

....

....

4 Application

1. Surlignez les mots-clés du sujet de manière à en dégager la problématique. (1 point)

Sujet : Dans quelle mesure la représentation d'une comédie, au-delà du rire, favorise-t-elle la réflexion sur l'homme et la société ? Vous répondrez à cette question en vous appuyant sur votre interprétation personnelle de la pièce que vous avez étudiée en classe et des lectures qui lui ont été associées.

2. Surlignez, dans les idées proposées, celles qui pourraient correspondre aux deux grandes parties du plan : les idées directrices. (2 points)

Idées proposées :
- Molière veut « corriger les hommes en les divertissant »
- Divertissement = but premier du spectateur/lecteur
- La représentation théâtrale, lieu de rencontre
- Tous les genres théâtraux interrogent la société (comédie, tragédie, drame)
- Rôle de la double énonciation
- La représentation : un lieu de réflexion
- Le texte de théâtre, dialogue des hommes sur leurs préoccupations
- Le rire de la comédie est une arme au service de la réflexion
- La tragédie offre des modèles à suivre, la comédie des modèles à éviter
- Le spectateur, témoin des conflits et confident des personnages

3. Complétez le plan en vous aidant des idées proposées ci-dessus et de vos connaissances. (3 points)

I. ....
1. ....
Ex. : ....
2. ....
Ex. : ....
3. ....
Ex. : ....

II. ....
1. ....
Ex. : ....
2. ....
Ex. : ....
3. ....
Ex. : ....

BILAN .... / 20

44 Introduire et conclure la dissertation

2de 1re

« Une fois de plus j'arrivais à mon éternelle conclusion : il fallait s'instruire. »

Marjane Satrapi, auteure de bande-dessinées.

A Rédiger l'introduction

Repères L'accroche commence par apporter des informations sur l'œuvre étudiée et la thématique mise en place par le sujet. On expose ensuite la problématique en s'appuyant sur les expressions-clés du jugement ou de la question qu'il s'agit d'éclairer. On termine en annonçant quelles seront les idées directrices de chaque grande partie, sous forme de questions ou d'affirmations.

1 Observation

1. **Sur quels aspects du théâtre porte le sujet de cette dissertation ?** (1 point)

....

2. **Surlignez dans le sujet les mots-clés de la réflexion.** (1 point)

Sujet : « Sommes-nous acteurs de notre destin ou de simples marionnettes ? » se demande la metteur en scène de théâtre Irène Jargot, à propos de la pièce de Sartre, *Huis clos*. Vous répondrez à cette question à la lumière de votre lecture de cette pièce et du parcours qui lui était associé.

3. **Délimitez par des crochets les trois étapes de l'introduction. Surlignez les connecteurs.** (1 point)

« L'enfer, c'est les autres. » Une fois cette affirmation posée, les trois personnages imaginés par Jean-Paul Sartre, enfermés dans le huis clos infernal d'un salon Second Empire, vont s'étriper joyeusement pour l'éternité… Reste à savoir s'ils sont responsables de leurs actes. C'est le sens de la question que se pose Irène Jargot, qui s'interroge à la fois sur le sens philosophique de la pièce et sur celui du théâtre, comme mise en scène de nos propres existences. Dans un premier temps, nous vérifierons la justesse du premier terme de sa question, qui fait du damné le responsable de ses actes. Dans un second temps, nous verrons au contraire dans quelle mesure les personnages de Sartre ne sont au fond que des marionnettes. Enfin, nous nous interrogerons sur le véritable message adressé par Sartre aux lecteurs et spectateurs de sa pièce.

4. **De combien de parties le plan de la réponse est-il composé ? Comment sont-elles annoncées ?** (1 point)

....

2 Application

1. **Surlignez les mots-clés du sujet suivant.** (1 point)

Sujet : Dans quelle mesure la littérature des Lumières, quand elle évoque le voyage ou l'altérité, permet-elle de remettre en cause les idées reçues ?
Vous répondrez à cette question en vous appuyant sur votre lecture du *Supplément au Voyage de Bougainville*, ainsi que sur les textes et œuvres associés à cette lecture.

2. **Reformulez la problématique du sujet.** (1 point)

....

....

....

....

3. **Reformulez les idées directrices du plan sous la forme de phrases.** (1 point)

I. Diderot + Lumières = découverte autres mondes/cultures

....

....

II. *Supplément* → Vision de Diderot sur l'altérité

....

....

III. Attention ! « remise en cause » ou *création* d'idées reçues ?

....

....

4. **Sur une feuille à part, rédigez l'introduction de la dissertation en tenant compte du plan proposé.** (3 points)

B Rédiger la conclusion

Repères

La première partie de la conclusion résume les réponses apportées à la problématique du sujet, en faisant le bilan de l'argumentation développée.

La seconde partie affirme un point de vue personnel qui élargit la problématique à un nouveau débat. Des connecteurs soulignent la logique du raisonnement suivi.

3 Repérage

1. Surlignez les mots-clés du sujet. (1 point)

2. Reformulez la problématique du sujet. (2 points)

....

....

....

....

Sujet : « Il y a chez Verlaine création d'une tonalité nouvelle et d'une langue nouvelle, qui a eu assez de succès pour qu'on la retrouve un peu partout aujourd'hui en vers et en prose : je l'appelle familière », affirme Charles Bruneau, biographe du poète. Dans quelle mesure cette affirmation s'applique-t-elle selon vous au recueil des *Romances sans paroles* ainsi qu'au parcours de lecture suivi ?

3. Surlignez les réponses apportées à la problématique du sujet dans la conclusion. (1 point)

En conclusion, Verlaine a incontestablement su créer en poésie un ton nouveau, qu'on peut qualifier de « familier », en accord avec son biographe. Comme nous l'avons vu, cette familiarité du ton et du vocabulaire est cependant loin d'avoir été respectée par ses admirateurs immédiats, les symbolistes. Mais elle s'est imposée au XXe siècle, comme si Verlaine avait été trop « moderne » pour ses contemporains. On comprend mieux les hommages multiples rendus par les poètes et chanteurs qui, comme Serge Gainsbourg ou Léo Ferré, saluent en Verlaine un maître à jamais admiré.

4. Comment la conclusion parvient-elle à élargir le débat ? (1 point)

....

....

....

4 Application

1. Quel est le plan qui a été suivi pour cette conclusion ? Surlignez les trois grandes parties résumées par le candidat. (1 point)

2. Encadrez les connecteurs utilisés. (1 point)

3. Complétez l'élargissement de manière à terminer la conclusion après avoir repéré la comparaison qu'il introduit. (3 points)

Nous avons vu de quelle manière les romanciers comme Alexandre Dumas, par le biais de héros historiques mais romanesques, parviennent à faire rêver leurs lecteurs au risque de falsifier l'Histoire. À l'inverse, d'autres romanciers trouvent dans le réel des personnages de roman qui nous ressemblent et nous interrogent sur nous-mêmes. Dans tous les cas, le travail littéraire reste en définitive un moyen d'interroger notre rapport au monde et à l'imaginaire. C'est ainsi qu'il fait du roman l'un des chemins privilégiés de

....

....

....

....

....

....

....

....

BILAN .... / 20

45 Rédiger la dissertation

2de 1re

« Caressez longuement votre phrase, et elle finira par sourire. »
Anatole France, romancier.

A Rédiger les paragraphes du développement

Repères Chaque grande partie du plan développe une idée directrice, sous la forme de deux ou trois paragraphes argumentés. Les connaissances sur l'œuvre étudiée en classe et le parcours associé servent à illustrer les idées développées. On peut les résumer brièvement ou les citer en utilisant les guillemets. Des connecteurs soulignent l'enchaînement logique des idées.

1 Repérage

1. Surlignez dans le paragraphe suivant (2 points) :
a) l'argument défendu ;
b) les explications qui le valident ;
c) les exemples qui l'illustrent ;
d) la phrase conclusive.

2. Quel est l'objectif du paragraphe ? (1 point)

....

....

Par ailleurs, plusieurs scènes du *Mariage de Figaro* ont une tonalité nostalgique, voire pathétique. La pièce prend ainsi des accents graves, qui mettent fin au rire du spectateur. L'un des exemples les plus nets se trouve dans le second acte ; à sa camériste qui fait office de confidente, l'épouse délaissée par le comte volage exprime sa peine, ses désillusions. Or, dans la mesure où ce personnage romanesque et sentimental est présenté sous un jour favorable, le spectateur est invité à compatir à son sort.

2 Application

1. Numérotez de 1 à 5 les phrases du paragraphe de manière à le remettre dans son ordre logique. (2 points)

2. Surlignez l'idée directrice développée, l'argument apporté, les exemples et les citations. (1 point)

☐ C'est ce que cherchent à faire Mallarmé et les poètes symbolistes de la fin du XIXe siècle, ou le mouvement surréaliste au début du XXe siècle.

☐ Grâce à elle, le poète peut effectuer un travail de réécriture et d'exploration du monde, mener une réflexion profonde et exigeante.

☐ En définitive, le poète symboliste est d'abord un poète avant d'être un théoricien de la poésie.

☐ « Fuir ! là-bas fuir ! » (« Brise marine ») : le cri poussé par Mallarmé cherchant l'inspiration exprime sa vision de la poésie : un refuge aux exigences trop lourdes et monotones de son existence.

☐ On peut affirmer que la poésie est « une clé ouvrant la porte » à l'exploration des mystères et des symboles.

3 Écriture

Sur une feuille à part, rédigez le paragraphe correspondant aux indications suivantes. (4 points)

Argument : Fonction de la littérature d'idées : éclairer les hommes sur les problèmes de société.

Explications : diversité et liberté des formes et des genres de façon à adapter son discours aux destinataires.

Exemples : la fable, le conte philosophique, l'essai…

Citation à introduire : « On ne doit parler, on ne doit écrire que pour l'instruction » (La Bruyère, préface des *Caractères*, 1694).

B Rédiger une transition entre deux parties

Repères La fin de chaque grande partie fait en une phrase ou deux le bilan de l'idée directrice défendue. Elle annonce la partie suivante, au moyen d'une question ou d'une affirmation.

4 Repérage

Repérez dans les transitions suivantes, les phrases qui font le bilan de la partie achevée et celles qui annoncent la partie à venir. (2 points)

Transition 1 : On le voit, l'enfance est déterminante dans la formation de l'individu et l'écrivain en rend parfois compte. Mais la famille, l'école ne suffisent pas à expliquer une personnalité. Il faut donc chercher ailleurs le ressort de l'autobiographie.

Transition 2 : Le rôle du lecteur est bien de trouver la clef de ce mystère que constitue la poésie, qui explore un au-delà auquel le commun des mortels n'a pas accès... Mais est-ce là l'unique rôle de la poésie ?

5 Écriture

Rédigez une courte transition entre deux parties correspondant aux notes de l'élève. (2 points)

autobiographie = **I.** naissance/récit d'une vocation d'écrivain. **II.** AUSSI justification de l'œuvre écrite.

....

....

....

....

....

C Utiliser des connecteurs

Repères L'enchaînement entre les idées, les paragraphes et les grandes parties est souligné par l'emploi de termes d'articulation qui indiquent les rapports logiques entre les idées : l'addition, l'énumération, la cause, la conséquence, la concession ou l'opposition.

6 Application

Complétez les paragraphes suivants en y insérant les connecteurs appropriés. (2 points)

Le conte philosophique, que Voltaire invente au XVIIIe siècle, est un conte .... il se moque de l'illusion réaliste. ...., le conte voltairien se présente comme une fable, ... comme un récit conçu pour illustrer un enseignement moral. ...., les nombreuses interventions du narrateur-conteur accroissent la distance entre le conte et le récit romanesque. ....

..................., Voltaire multiplie parfois les références à des situations concrètes, réelles, dans lesquelles le lecteur reconnaît immédiatement le monde qui l'entoure. .... on retrouve les structures du roman d'aventures, même si elles sont parodiées. ...., le conte philosophique n'est pas si éloigné de l'univers réel.

7 Écriture

Sur une feuille à part, rédigez les deux paragraphes correspondant au plan suivant. Reliez les idées au moyen des connecteurs appropriés. (4 points)

II. La poésie, langage direct des sentiments et des sensations

1. Le poète, porte-parole des hommes
– poète = artisan du langage
– le mot « poétique » évoque une perception inhabituelle et touchante du monde (« vision poétique », « paysage poétique »...) des sensations ressenties par l'homme devant lui (ex. : « Sensation » de Rimbaud)

2. La poésie, un art de la séduction verbale
– sobriété, mesure, harmonie pour les classiques (adéquation de la forme et du fond → le sonnet chez Rimbaud)
– la poésie lyrique et l'expression de sentiments universels : l'amour, la mélancolie, la révolte... (ex. : « Roman », « Le Dormeur du val », « La guerre », de Rimbaud).

BILAN .... / 20

46 Analyser le texte support de la contraction et de l'essai

2de 1re

« Dans la recherche commune des arguments, celui qui est vaincu a gagné davantage, à proportion de ce qu'il vient d'apprendre. »
Épicure, philosophe grec (IVe siècle avant J.-C.).

A Repérer les indices de l'énonciation

Repères Une première lecture du texte doit permettre de repérer les indices de l'énonciation en répondant aux questions suivantes : Qui parle à qui ? Où et quand ? Pour dire quoi ? Pour cela, il faut repérer, lors de sa lecture, le nom de l'auteur, la date et les sources du texte, les pronoms personnels et les temps verbaux utilisés.

1 Repérage

1. Identifiez les indices de l'énonciation suivants : auteur, date et source du texte. Interrogez-vous : quel est le thème général du passage ? (1 point)

2. Repérez les pronoms personnels utilisés. (1 point)

3. Repérez et expliquez l'alternance des temps du passé et du présent de l'indicatif. (2 points)

....

....

....

Née au Cameroun, pays dont les langues officielles sont le français et l'anglais, avec des dizaines de langues locales, j'ai grandi dans un environnement qu'on dira acculturé, puisqu'on n'y parlait que le français. Pourtant, l'Afrique, terre puissante, extrême, n'a eu aucun mal à pénétrer cette bulle, pour la marquer de son empreinte. Elle était dans la famille élargie qui avait conservé des usages anciens, dans les comptines que chantait ma grand-mère, dans l'odeur de la terre, dans le mouvement des êtres et des choses […].
Ce continent a donc nourri mon imaginaire, autant que des éléments venus d'ailleurs l'ont fait. Je pense à la musique de jazz qu'écoutait mon père, à la bibliothèque de mes parents, aux vieilles comédies musicales américaines ou aux dessins animés japonais que mes sœurs et moi regardions…

Léonora Maiano, *Habiter la frontière*, L'Arche éditeur, 2012.

B Identifier le thème et la thèse du texte

Repères Le thème du texte correspond à un mot, qui développe son champ lexical dans l'ensemble de l'argumentation (la science, le progrès, la condition humaine, les inégalités…). La thèse est l'opinion défendue par l'auteur du texte à propos de ce thème, c'est-à-dire le regard particulier qu'il porte sur un problème donné. Elle est formulée à l'aide d'une phrase, située au début ou à la fin du texte.

2 Repérage

1. Repérez les indices de l'énonciation du texte. (2 points)

2. Quel est le thème général du texte ? Repérez son champ lexical. (1 point)

....

3. Reformulez la thèse défendue par l'auteur en une phrase. (3 points)

....

....

....

Aujourd'hui encore, on conditionne les enfants à une vision figée de la biologie et de leurs prétendus « goûts innés » : les garçons aimeraient la compétition et les sports de contact alors que les filles préféreraient les sports esthétiques de distanciation physique, comme la danse, par exemple. Dans leur maîtrise de l'apparence, les femmes seraient moins musclées, elles se fatigueraient plus vite… alors que c'est faux ! Tout dépend de la préparation physique. Dans un contexte général où le lien social est fragilisé, nous faisons face à un enjeu démocratique immense. Sans oublier l'enjeu de santé publique de lutte contre la sédentarité. L'idée n'est pas de revendiquer l'égalité parfaite tout de suite ni la mixité à tout prix : il s'agit simplement de donner aux filles les conditions de pouvoir décider de pratiquer le foot sans craindre de se sentir illégitimes. C'est une question de vivre ensemble.

Marie-Cécile Naves, sociologue, Le Monde.fr, juin 2018.

C Étudier la composition du texte

Repères L'argumentation, d'une longueur de mille mots environ, se présente sous la forme de paragraphes plus ou moins longs, qui signalent le passage d'une idée à une autre. Cette progression du raisonnement est soulignée par l'emploi de connecteurs logiques ou temporels qui indiquent les rapports entre les idées : l'addition, l'énumération, la cause, la conséquence, la concession ou l'opposition.

3 Analyse

1. Quelle problématique le premier paragraphe pose-t-il ? Repérez-la avant de la reformuler. (2 points)

....

....

....

2. Surlignez les connecteurs logiques et temporels. Quelle opposition l'auteur met-il en place ? (2 points)

....

....

....

Dans une époque caractérisée par une intensité d'innovation inouïe, la question se pose sans cesse de savoir si les progrès…sont des progrès. Pour le dire autrement, leurs avantages sont-ils supérieurs à leurs inconvénients ? […]

Jusqu'à maintenant, quels qu'en soient les inconvénients, le progrès l'a toujours emporté – ou presque. Comme le dit une boutade fataliste et désenchantée : « On n'arrête pas le progrès. » La raison est simple. Les innovations sont généralement rentables. Elles permettent d'atteindre des objectifs jusque-là inaccessibles, d'alléger la tâche des hommes… ajoutons à cela une très humaine fascination pour la nouveauté, et l'on se saisit du nouvel outil sans trop se poser de questions.

Un des grands enjeux de notre temps est de savoir si les hommes vont apprendre à renoncer à certains progrès ou, du moins, à en limiter strictement l'usage. L'urgence de la réflexion est désormais grande, le développement de l'intelligence artificielle – dont la reconnaissance faciale est une illustration – démultipliant les effets et les innovations.

Guillaume Goubert, *La Croix*, 13 août 2019.

D Dégager les arguments et les exemples

Repères L'auteur choisit un mode de raisonnement qui s'appuie sur les causes, les conséquences, la comparaison, l'induction ou la déduction. Dans tous les cas, il développe des arguments et des exemples au service de la thèse qu'il défend. Son argumentation repose aussi sur la persuasion, au moyen de termes affectifs et de termes évaluatifs.

4 Analyse

1. Repérez les indices de l'énonciation, le thème du texte et l'idée principale de chaque paragraphe. (2 points)

2. Encadrez les connecteurs logiques qui soulignent la progression du raisonnement. (1 point)

3. À travers quels termes affectifs et évaluatifs l'auteur fait-il partager au lecteur des sentiments ou des jugements ? Surlignez-les. (2 points)

4. Reformulez la thèse générale défendue par l'auteur. (1 point)

....

....

....

On ne peut pas vivre sans biodiversité. En ce début de XXIe siècle, l'économie mondiale repose à 40 % sur les services rendus par la nature (fruits, légumes viande, poisson, plantes), donc sur la biodiversité dans son ensemble.

La biodiversité est vitale pour l'homme. L'exemple des abeilles est remarquable et symbolique. Leur disparition n'est plus une hypothèse loufoque. Or, à ce jour, nous ne savons pas polliniser artificiellement les fruits que nous consommons. Sauf à le faire manuellement, ce qui est impossible, nous avons besoin des insectes pollinisateurs pour le faire, pour pouvoir manger des pommes, des poires, des fraises et bien d'autres choses encore. Est-il dès lors acceptable de laisser mourir les abeilles ? Est-il acceptable de laisser disparaître des milliers d'autres espèces, parmi lesquelles se trouvent des plantes inconnues, mais qui sont sans doute tout à fait indispensables pour la médecine actuelle ?

La machine à dérégler la biodiversité est en marche, et elle s'accélère car plusieurs facteurs négatifs entrent en synergie. Ainsi les effets délétères du réchauffement climatique viennent-ils s'ajouter aux transformations liées à l'agriculture, à la surexploitation des ressources naturelles, à la fragmentation des milieux, aux différentes pollutions.

Philippe J. Dubois, « Finirons-nous comme le dodo ? », *L'Obs* hors-série n° 1701, « L'Homme et l'animal », 2016.

BILAN .... / 20

47 Rédiger la contraction de texte

2de 1re

« Il est bien juste que le principal l'emporte sur l'accessoire. »
Louis Bourdaloue, prédicateur.

A Identifier le mouvement du texte

Repères Une fois le texte bien compris et analysé, il faut s'appuyer sur sa structure et son système énonciatif pour commencer la contraction. Pour chaque paragraphe, on peut encadrer l'idée directrice, souligner les explications, mettre les exemples et les répétitions entre crochets, surligner les connecteurs qui explicitent les liens temporels ou logiques.

1 Repérage

Complétez la légende du travail effectué sur le texte. (2 points)

[ ] : ....

(surligné vert) : ....

(surligné bleu) : ....

_____ : ....

Une certaine conception du monde place dans le passé l'âge d'or de l'humanité. Tout aurait été donné gratuitement à l'homme dans le paradis terrestre et même après la sortie de ce paradis, et tout serait au contraire pénible et vicié de nos jours. [Jean-Jacques Rousseau a donné une couleur populaire et révolutionnaire à cette croyance, qui est resté vive au cœur de l'homme moyen :] ainsi l'on entend parler de la vertu des produits « naturels » et bien des Français croient que la vie d'autrefois était plus « saine » qu'aujourd'hui.

Jean Fourastié, *Pourquoi nous travaillons*, PUF, 1959.

2 Application

1. Faites le même travail que dans l'activité précédente sur la suite du texte. (2 points)

2. Sur une feuille à part, reformulez en une phrase l'idée essentielle de ce paragraphe. (2 points)

En réalité, tous les progrès actuels de l'histoire et de la préhistoire confirment que la nature naturelle est une dure marâtre pour l'humanité. Le lait « naturel » des vaches « naturelles » donne la tuberculose et la vie « saine » d'autrefois faisait mourir un enfant sur trois avant son premier anniversaire. Et des deux qui restaient, dans les classes pauvres, un seul dépassait, en France encore et vers 1800, l'âge de 25 ans...

Jean Fourastié, *Pourquoi nous travaillons*, PUF, 1959.

B Reformuler les idées essentielles

Repères Chaque paragraphe doit être résumé, c'est-à-dire reformulé en n'en conservant que l'essentiel : l'idée et son explication. Si l'exemple est argumentatif, il faut en dégager l'argument. S'il est purement illustratif, on peut le supprimer. Les connecteurs sont remplacés par des équivalents. Les pronoms personnels marquant l'énonciation sont conservés.

3 Reformulation

Reformulez, ci-dessous, le paragraphe après l'avoir analysé. (4 points)

....

....

....

....

L'enfer, ce n'est pas les autres, c'est l'obligation de vivre avec eux. Le mieux consiste donc à construire un donjon solitaire avec le ciment de son rêve suffisamment solide pour que le ressac du monde extérieur s'y fracasse : édifice qui ressemble à la thébaïde[1] grecque. Mais la limite de la thébaïde est que celui qui s'y retranche ne se consacre qu'aux exercices de l'esprit et laisse sur le seuil sa force vitale : il se replie dans le château de ses pensées.

Sylvain Tesson, *Petit traité sur l'immensité du monde*, Éd. des Équateurs, 2008.

1. Thébaïde : habitation isolée.

C Résumer la pensée de l'auteur

Repères La contraction de texte nécessite de diviser par quatre le nombre de mots utilisés par l'auteur, tout en conservant l'essentiel de sa pensée en la reformulant sans la répéter. Elle suppose donc la paraphrase du texte, à travers l'utilisation de synonymes ou de termes de substitution dès que cela est possible.

4 Reformulation

Remplacez les termes proposés par des synonymes ou des substituts. (2 points)

Remplacer un mot par un synonyme	Le protocole : .... Les injustices : ....
Remplacer une expression par un mot ou une autre expression	Dans le monde entier : .... À toutes les époques : ....
Remplacer une énumération par un terme générique	Les paysans, les ouvriers, les bourgeois… : ....
Remplacer un connecteur par un terme d'articulation équivalent	Ainsi : .... D'une part : ....

5 Rédaction

1. Analysez le paragraphe suivant de 98 mots. (1 point)

2. Sur une feuille à part, résumez-le en 25 mots environ. (3 points)

L'étendue du champ d'application des récentes découvertes est immense et promet de transformer radicalement nos modes de vie, potentiellement pour le meilleur. « La robotique peut être un énorme moyen d'émancipation de l'humain », rappelle Laurence Devillers. Les premiers robots automates, même s'il ne s'agissait que de lavage, ont ouvert le marché du travail aux femmes dans les années 1960-1970. Demain, ils pourraient bien améliorer la quantité et la qualité de la production industrielle, apporter une plus-value sociale en réduisant la pénibilité au travail et faciliter la vie quotidienne des consommateurs par une assistance domestique inégalée.

Article publié le 29 janvier 2019 sur le site Capital.fr.

6 Contraction

Sur une feuille à part, faites la contraction du texte suivant (237 mots) au quart de sa longueur (60 mots environ). (4 points)

Une attente de reconnaissance

Le pays ne se sent pas représenté. Les existences les plus humbles et les plus discrètes sont certes les plus manifestement concernées. Mais le problème est plus général et vaut pour toutes les composantes de la société. La démocratie est minée par le caractère inaudible de toutes les voix de faible ampleur, par la négligence des existences ordinaires, par le dédain de vies jugées sans relief, par l'absence de reconnaissance des initiatives laissées dans l'ombre.

La situation est alarmante, car il en va à la fois de la dignité des individus et de la vitalité de la démocratie. Vivre en société, c'est en effet au premier chef voir son existence appréhendée dans sa vérité quotidienne. Des vies non racontées sont de fait des vies diminuées, niées, implicitement méprisées. C'est une absence qui redouble la dureté des conditions de vie.

Être invisible – puisque c'est de cela qu'il s'agit – a d'abord un coût pour les individus eux-mêmes. Car une vie laissée dans l'ombre est une vie qui n'existe pas, une vie qui ne compte pas. Être représenté, à l'inverse, c'est […] ne pas être seulement renvoyé à une masse indistincte ou à une catégorie qui caricature et obscurcit la réalité dans une formule sonore, un préjugé ou une stigmatisation (la banlieue, les cités, les bobos, etc.). L'aspiration à une société plus juste est donc inséparable aujourd'hui d'une attente de reconnaissance.

Pierre Rosanvallon, *Le Parlement des invisibles*, Éd. du Seuil, 2020.

BILAN .... / 20

48

Préparer l'essai

2de 1re

« L'essai donne un état du réel structuré par un raisonnement tandis que le roman est mouvant, il rend ce que la vie a de contradictoire. »

Daniel Pennac, romancier et essayiste.

A Lire et analyser le sujet de l'essai

Repères Le sujet pose une problématique, une question directe ou indirecte à laquelle il faut essayer de répondre. Les mots-clés du sujet en annoncent le thème et donnent des pistes de réflexion.

Pour analyser le sujet, on peut utiliser des synonymes ou des antonymes afin de le reformuler et en dégager les aspects essentiels.

1 Repérage

1. Repérez les mots-clés du sujet de l'essai. (1 point)

2. Encadrez la thèse défendue dans la citation tirée du texte de la contraction. (1 point)

Sujet de l'essai : « Le besoin de se rencontrer, d'être nombreux, visibles, de se réunir est indispensable pour s'imposer comme une force », déclare l'auteur. Pensez-vous comme lui que s'unir aux autres pour protester est la meilleure façon de défendre sa liberté ?

3. Entourez la problématique qui correspond au sujet ci-dessus. (1 point)

A. Les manifestations sont-elles utiles ?

B. S'unir aux autres est une façon de protester.

C. Les manifestations de masse sont-elles le meilleur moyen pour défendre une idée ?

2 Analyse

1. Quelle est la thèse défendue par l'auteur de la citation extraite du texte de la contraction ? (1 point)

....

2. Sur une feuille à part, reformulez la problématique posée par le sujet. (1 point)

Sujet de l'essai : Selon l'auteur du texte, « multiples sont les voies pour raconter le monde et dire la vérité des existences. » Ce besoin de témoigner et de s'engager dans le débat social est-il essentiel à vos yeux ?
Vous donnerez votre avis argumenté sur cette question en vous appuyant sur le texte de la contraction, sur l'œuvre et le parcours étudiés pendant l'année, ainsi que sur votre culture personnelle.

B Rechercher des idées

Repères Il faut d'abord récapituler les informations du texte de la contraction : thèse, arguments… Il faut ensuite se référer à l'œuvre et au parcours en lien avec le sujet. Enfin, faire appel à ses connaissances personnelles.

3 Repérage

1. Repérez les mots-clés du sujet et sa problématique. (2 points)

Sujet : Au choc des empires dénoncé par Montaigne, l'auteur oppose la naissance future d'un « empire global ». Quels intérêts et quels inconvénients voyez-vous dans cette éventualité ?

2. Repérez dans le texte la thèse et les arguments apportés par l'auteur. Lesquels retenir pour l'essai ? (1 point)

3. Notez, sur une feuille à part, les idées que vous pourriez apporter pour répondre au sujet. (2 points)

Texte de la contraction (extrait)

À mesure qu'on avance dans le XXIe siècle, le nationalisme perd du terrain. De plus en plus de peuples croient que la source légitime de l'autorité ne vient pas des membres de telle ou telle nationalité, mais de l'humanité tout entière, et que sauvegarder les droits de l'homme et protéger les intérêts de toute l'espèce humaine est la lumière qui devrait guider la politique. Dès lors, l'existence de près de deux cents États indépendants est une entrave, plutôt qu'une aide.

Yuval Noah Harari, *Sapiens, une brève histoire de l'humanité*, Éd. Albin Michel, 2015.

C Construire le plan

Repères Le sujet d'un essai laisse beaucoup de liberté. Mais avant de rédiger, il est indispensable d'organiser ses idées en deux ou trois parties. Le plan peut être chronologique (avant, aujourd'hui, demain), logique (thèse, antithèse, synthèse), ou analytique (une seule thèse, développée en deux ou trois parties). Il peut prendre la forme d'un tableau dans lequel sont insérés les idées développées et les exemples.

4 Application

1. Repérez les mots-clés du sujet et reformulez sa problématique. (1 point)

....

....

Sujet de l'essai : En se passionnant pour les automates, Descartes n'imaginait sans doute pas que le progrès conduirait les hommes à créer des machines qui le remplacent peu à peu. Pensez-vous que l'intelligence artificielle constitue aujourd'hui une menace pour l'humanité ?
Vous répondrez à cette question en vous appuyant sur le texte de la contraction, ainsi que sur les lectures faites durant l'année.

Texte support de la contraction (extrait)

Le sujet de l'intelligence artificielle a brutalement envahi le monde du journalisme il y a une poignée d'années, lorsque des « robots-rédacteurs » ont commencé à écrire des textes à la place des humains. Des expérimentations dont les pionniers ont notamment été l'agence Associated Press et le quotidien Los Angeles Times. À partir de données basiques, telles que des résultats sportifs, des prévisions météorologiques ou des chiffres financiers d'entreprises, les machines sont capables de produire de courts articles les mettant en forme. La nouvelle a soulevé une vague de fantasmes et d'inquiétudes, prédisant la prochaine disparition des reporters et la prise en main de l'information par des algorithmes. Ces derniers sont pourtant loin d'être capables de créer autre chose que des textes sans âme.

Intelligence artificielle, enquête sur ces technologies qui changent nos vies, Éd. Flammarion, 2018.

2. Surlignez dans le texte les éléments de réponse à la problématique du sujet. (1 point)

3. Réunissez dans le tableau qui suit quelques éléments qui permettent de répondre au sujet. (3 points)

Texte de la contraction	Objet d'étude Littérature d'idées	Connaissances personnelles
....	....	....
....	....	....

4. Construisez un plan logique détaillé de votre essai. (5 points)

I. L'intelligence artificielle comme menace	II. L'intelligence artificielle comme libération	III. Une évolution à surveiller et accompagner
1.	1.	1. ....
....	....	....
Ex. :	Ex. :	Ex. : ....
2.	2.	2. ....
....	....	....
Ex. :	Ex. :	Ex. : ....
3.	3.	3. ....
....	....	....
Ex. :	Ex. :	Ex. : ....

BILAN .... / 20

49 Rédiger l'essai

2de 1re

« Renoncer, avant même d'avoir essayé, c'est le meilleur moyen pour ne jamais progresser. »
Malesherbes, magistrat, défenseur de Diderot et de Louis XVI.

A Organiser ses paragraphes

Repères Constitué de **deux ou trois grandes parties**, le développement de **l'essai** se présente comme une **succession de** brefs **paragraphes** qui soulignent la **progression du raisonnement**. Chaque paragraphe développe **une idée** au moyen d'**explications** et d'**exemples** précis, puisés dans **le texte**, **l'œuvre** et son **parcours associé** ou dans **vos connaissances** personnelles.

1 Observation

1. Repérez dans le paragraphe : **l'idée directrice** du paragraphe, **les explications**, **les deux exemples** apportés, **la phrase conclusive** du paragraphe. (2 points)

2. Quelle est la nature des exemples apportés par le candidat ? (1 point)

....

3. Quel pronom personnel le candidat emploie-t-il pour s'exprimer ? (1 point)

....

Ce qui se passe ailleurs attire notre curiosité. En effet, si l'homme a toujours voulu voyager et découvrir « l'Ailleurs », c'est que nos ancêtres comme nous-mêmes étaient curieux de découvrir comment on vit dans les pays lointains et différents du nôtre. C'est pourquoi les Persans de Montesquieu rendent visite aux Parisiens dans les Lettres persanes. C'est pourquoi aussi des millions de touristes étrangers, venus du monde entier, visitent encore Paris aujourd'hui. Cette quête de la différence a toujours existé.

B Développer ses explications

Repères La **première phrase** de chaque paragraphe **affirme l'idée directrice**. **Cette idée** est ensuite **reformulée** ou **expliquée** au moyen d'arguments qui reposent sur **le texte de la contraction**, **l'œuvre** et **le parcours** étudiés durant l'année ou encore **les connaissances personnelles**.

2 Application

Interrogez-vous : sur quels auteurs appuyer cette idée directrice ? (1 point)

Idée directrice : *Nous avons beau dénoncer les guerres, nous n'avons cependant jamais réussi à les éviter.* **Auteurs :** ....

....

3 Écriture

1. De combien de paragraphes le développement de l'essai préparé dans le plan sera-t-il constitué ? (1 point)

2. Sur une feuille à part, rédigez le premier paragraphe du développement. (4 points)

Idées directrices du plan de l'essai :

I. *Les réseaux sociaux, un espace nouveau de liberté ?*
1. *Une communication facile et universelle*
2. *Des lieux de rencontres et d'expression personnelle*

II. *Les réseaux sociaux, des outils dangereux lorsqu'ils sont mal utilisés*
1. *Une liberté qui favorise l'expression de la haine*
2. *Les manipulations de l'opinion et la fin de la démocratie*

C S'appuyer sur des exemples

Repères Les exemples permettent d'amplifier les paragraphes de l'argumentation. Ils peuvent faire référence à un auteur, une œuvre, un mouvement mais aussi à l'actualité ou la vie quotidienne. Lorsque l'exemple repose sur une citation, il est nécessaire d'utiliser des guillemets.

4 Recherche

Quels exemples pourriez-vous apporter pour illustrer les idées directrices suivantes ? (2 points)

Idée 1 : Combattre le pouvoir peut être dangereux. ....

Idée 2 : Les valeurs des Lumières sont encore les nôtres. ....

Idée 3 : L'invention de l'imprimerie bouleverse l'accès à la connaissance. ....

Idée 4 : Le rôle des médias est fondamental dans une démocratie. ....

5 Rédaction

1. Repérez dans le plan du paragraphe suivant l'idée directrice, son explication, l'exemple apporté et la phrase conclusive. (1 point)

Le plan du paragraphe :

Le travail comme nécessité de l'existence (texte « travailler éloigne le besoin » = l'argent)
Ainsi : jeune qui travaille = salaire = liberté = fierté (pouvoir d'achat, permis, voiture, appartement…)
Voltaire (*Candide*) a raison : « Il faut cultiver son jardin » = travailler avant de penser au reste

2. Sur une feuille à part, rédigez le paragraphe. (2 points)

D Utiliser des liens logiques

Repères L'enchaînement entre les grandes parties, les paragraphes ou les idées peut être souligné au moyen de connecteurs. Ceux-ci peuvent marquer l'addition (*d'une part… d'autre part, d'abord… ensuite*), l'opposition (*cependant, toutefois, néanmoins*), la cause (*en effet*), la conséquence (*ainsi*), etc. Ils structurent la pensée et mettent en valeur la logique de l'essai.

6 Écriture

1. Les connecteurs utilisés dans le paragraphe d'essai suivant ont été supprimés. Remplacez-les par les connecteurs qui conviennent. (3 points)

2. Repérez l'idée directrice, son explication, l'exemple apporté et la phrase conclusive. (2 points)

Les réseaux sociaux sont .... considérés aujourd'hui comme des espaces de liberté d'expression. Ils sont .... utilisés par tout le monde. .... , qu'il s'agisse de Facebook, d'Instagram ou de tous les autres, ils sont faciles d'accès, ... ils plaisent à toutes les générations. .... ce sont surtout les jeunes qui en profitent .... ils peuvent communiquer entre eux, sans qu'on se mêle de leur conversation, à toute heure du jour ou de la nuit. Personnellement, je ne vais jamais me coucher sans avoir jeté un œil sur mon portable. .... je pense que si Voltaire et les philosophes des Lumières avaient possédé cet outil de communication, il est certain qu'ils les auraient utilisés.

BILAN .... / 20

50 Rédiger l'introduction et la conclusion de l'essai

2de 1re

« Le discours des gens qui parlent sans préparation est essentiellement léger et de mauvais aloi ; ils ne savent ni par où il faut commencer ni par où il faut finir. »

Plutarque, philosophe grec, Ier siècle après J.-C.

A La construction de l'introduction

Repères **L'introduction présente** d'abord le thème au moyen d'**une « accroche »**, une ou deux phrases destinées à attirer l'attention. Elle **reformule** ensuite **la problématique** du sujet. Elle se termine par **l'annonce du plan de l'essai**.

1 Repérage

Repérez dans l'introduction suivante l'accroche, la problématique et l'annonce du plan. (2 points)

Comme Christophe Colomb, chacun d'entre nous aime aujourd'hui partir à la découverte du monde en quête d'enrichissement personnel. Mais cette quête de l'Ailleurs est-elle profitable à tous les hommes ? Nous verrons dans un premier temps comment l'Autre nous fascine et nous enrichit. Puis, dans un second temps, nous nous demanderons si ces rencontres multiples ne peuvent pas aussi menacer cette richesse culturelle que nous admirons.

B La rédaction de l'introduction

Repères **La rédaction de l'introduction** ne peut être **efficace** qu'une fois **le plan construit**. Chaque phrase doit être **particulièrement soignée** car c'est elle qui donne la **première impression** au lecteur. Il faut donc la rédiger au **brouillon**. C'est également elle qui **fixe le cadre** et **les enjeux de l'essai**. Parce qu'elle pose un **problème général**, elle appelle **l'utilisation du pronom** personnel « **nous** ».

2 Reformulation

Sur une feuille à part, rédigez une phrase d'accroche au moyen des notes suivantes. (3 points)

Accroche 1 : premiers hommes/harmonie avec la nature ; aujourd'hui/nature dévastée et en danger

Accroche 2 : combat contre les injustices des Lumières/liberté toujours menacée

Accroche 3 : imprimerie/circulation du livre ; Internet/circulation des idées

3 Reformulation

1. Repérez les maladresses contenues dans l'introduction suivante : lieux communs, tournures incorrectes, termes imprécis. (2 points)

2. Sur une feuille à part, récrivez l'introduction de façon à l'améliorer. (3 points)

Depuis la nuit des temps, et même avant, l'éducation est un problème. Mais c'est surtout les membres des moralistes du XVIIe siècle qui ont fait de l'enfant un être à part, qui méritait d'être éduqué. Comme le cite , avec raison, celui qui a écrit le texte, « on ne peut se préoccuper de l'école sans envisager le bonheur des écoliers. » Sans doute qu'il veut dire que l'éducation, ce n'est pas seulement ce qu'on y apprend, mais aussi d'autres choses. Je verrai donc d'abord comment cette idée de l'éducation se présente dans la littérature d'idées. Puis après s'ils tiennent compte aujourd'hui du « bonheur des écoliers » ?

C La construction de la conclusion

Repères La conclusion répond à la question posée par le sujet. Elle commence par faire le bilan de l'argumentation en reformulant les idées développées. Elle revient ensuite à la problématique du sujet, en proposant une ouverture sur une autre problématique ou les perspectives d'avenir que l'essai laisse entrevoir.

4 Repérage

Repérez dans la conclusion suivante le bilan de l'argumentation et l'ouverture proposée. (3 points)

En définitive, les philosophes des Lumières ont parié sur l'éducation et sur l'intelligence des hommes pour faire triompher leurs idées. Cependant, cette confiance en la raison semble bouleversée par l'apparition d'Internet, qui brouille tous les repères. Ce que nous trouvons sur les réseaux sociaux est-il vrai ? Chacun, comme nous l'avons vu, doit désormais se poser la question… Personnellement, j'ai bien peur qu'à l'avenir ces médias nouveaux ne nous permettent plus de faire la part du vrai du faux.

D La rédaction de la conclusion

Repères La rédaction de la conclusion est la dernière étape de l'essai car elle suppose que l'argumentation est achevée. Elle fait écho à l'introduction en donnant une réponse définitive à la problématique posée. Chaque phrase, et plus particulièrement la dernière, doit être soignée car elle doit donner une impression favorable au correcteur.

5 Bilan

1. Repérez la problématique du sujet. (1 point)

……………………………………………………………………………………

2. Rédigez la conclusion de l'essai correspondant au plan proposé. (6 points)

Le sujet : Au choc des empires dénoncé par Montaigne, l'auteur oppose la naissance future d'un « empire global ». Quels intérêts et quels inconvénients voyez-vous dans cette éventualité ?
Vous répondrez à cette question sous la forme d'un essai faisant appel à vos connaissances personnelles et à votre lecture du parcours étudié durant l'année.

Le plan de l'essai

I. *Montaigne et la dénonciation d'une colonisation barbare*
II. *Vers la fin des empires ? (la thèse de l'auteur)*
III. *Mon opinion personnelle*

La conclusion rédigée :

……………………………………………………………………………………

……………………………………………………………………………………

……………………………………………………………………………………

……………………………………………………………………………………

……………………………………………………………………………………

……………………………………………………………………………………

……………………………………………………………………………………

BILAN ………. / 20

51 Maîtriser les techniques de l'oral

« Tout le succès d'une opération réside dans sa préparation. »
Sun Tzu, stratège militaire chinois (VIe siècle av. J.-C.)

A Les apparences et la posture

Repères L'épreuve orale commence avant la prise de parole. La démarche, la tenue vestimentaire, la façon de saluer (ou pas) le jury... influent sur l'image que le candidat renvoie. La posture doit exprimer la confiance en soi et le respect. Le corps doit être droit et tourné vers le jury pour montrer un réel engagement : pas de bras croisés, de poings serrés ou de nonchalance...

1 Analyse

Notez les détails qui, dans l'apparence et l'attitude de la candidate, permettent de maintenir un contact avec le jury. (3 points)

La bonne attitude : ....

....

....

....

....

B La voix

Repères Il est important de parler de façon vivante en variant les effets que l'on souhaite créer. L'objectif est de conserver l'attention de l'examinateur et de ne surtout pas l'ennuyer en restant sur la même intonation. L'essentiel est de se faire comprendre : cela passe par une lecture expressive du texte et une articulation claire, particulièrement sur certains mots à mettre en valeur.

2 Oral

1. **Repérez dans le texte ci-contre les passages où le personnage exprime : la franchise, la crainte, le remords, le désespoir.** (2 points)

2. **Lisez le texte à voix haute, en articulant bien chaque mot, en faisant entendre les sentiments successifs exprimés par le personnage.** (2 points)

3. **Présentez-le ensuite oralement en quelques phrases.** (3 points)

Je voudrais dire la vérité. J'aime la vérité. Mais elle ne m'aime pas. Voilà la vérité vraie : la vérité ne m'aime pas. Dès que je la dis, elle change de figure et se retourne contre moi. J'ai l'air de mentir et tout le monde me regarde de travers. Et pourtant je suis simple et je n'aime pas le mensonge. Je le jure. Le mensonge attire toujours des ennuis épouvantables et on se prend les pieds dedans et on trébuche et on tombe et tout le monde se moque de vous. Si on me demande quelque chose, je veux répondre ce que je pense. Je veux répondre la vérité. La vérité me démange. Mais alors, je ne sais pas ce qui se passe. Je suis pris d'angoisse, de crainte, de la peur d'être ridicule et je mens. Je mens. C'est fait. Il est trop tard pour revenir là-dessus. Et une fois un pied dans le mensonge, il faut que le reste passe. Et ce n'est pas commode, je vous le jure. C'est si facile de dire la vérité. C'est un luxe de paresseux. On est sûr de ne pas se tromper après et de ne plus avoir d'embêtements. On a les embêtements sur place, vite, à la minute, et ensuite les choses s'arrangent. Tandis que moi ! Le diable s'en mêle. Le mensonge n'est pas une pente à pic. Ce sont des montagnes russes qui vous emportent et qui vous coupent le souffle, qui vous arrêtent le cœur et vous le nouent dans la gorge.

Jean Cocteau, *Le Menteur, Théâtre complet*, Éd. du Rocher, 2003.

C Les gestes et le regard

Repères

Les mains ont leur propre langage, qu'il faut contrôler. Certains gestes appuient la parole, comme l'index levé, en signe d'assurance, les bras écartés en signe d'ouverture, les paumes des mains visibles, en signe d'assurance. Le regard accompagne lui aussi la parole, en permettant de garder un contact avec l'interlocuteur.

3 Analyse

Indiquez en un mot, sous chacun des gestes et des regards représentés, la signification qu'il prend pour celui qui leur fait face. (3 points)

....

....

....

D L'implication par la parole

Repères

L'exposé, la présentation de l'œuvre et l'entretien doivent montrer la personnalité du candidat. Il ne faut pas hésiter à utiliser de temps à autre la première personne du singulier, le « je », de manière à montrer son implication dans ce qui est dit. De même, il faut faire entendre la modalité des phrases à travers l'intonation : les phrases interrogatives et exclamatives peuvent et doivent être utilisées.

4 Reformulation

Transformez les phrases suivantes de manière à souligner l'implication de celui qui les prononce. (3 points)

a) Le romancier semble détester son personnage dans ce portrait.

....

b) La lecture de ce recueil a été difficile au départ, puis de plus en plus agréable.

....

c) La fausse question posée par l'auteur est présente pour convaincre le destinataire.

....

5 Réécriture

Améliorez la présentation de l'œuvre en y insérant une question et une exclamation. Vous utiliserez au moins une fois le pronom « je » et le pronom « nous ». (4 points)

L'œuvre choisie s'intitule La Peste. Elle a été écrite par Albert Camus en 1947, au lendemain de la Seconde Guerre mondiale. Le narrateur, le docteur Bernard Rieux, y fait la chronique de l'arrivée puis du développement de cette maladie à Oran, en Algérie. On peut y lire une métaphore du fascisme qui s'est développé en Europe durant les années trente. Ce qui est particulièrement intéressant, c'est le regard porté par le narrateur sur son métier : la médecine. En effet, celle-ci semble inutile dans les circonstances du récit…

Une question : ....

....

....

Une exclamation : ....

....

BILAN .... / 20

52 Présenter un texte à l'oral

1re

« Les uns à s'exposer trouvent mille délices ;
Moi j'en trouve à me conserver. »

Molière, dramaturge et comédien.

A L'introduction de l'exposé (2 minutes)

Repères Elle consiste à présenter les caractéristiques générales du texte choisi par l'examinateur. Ce texte fait partie d'une œuvre intégrale étudiée en classe ou du parcours de lecture qui lui a été associé. L'introduction présente rapidement l'œuvre, son auteur, son genre (l'objet d'étude), son thème, et le passage choisi pour l'analyse.

1 Présentation orale

1. Distinguez, dans les notes du candidat, les indications données sur le contexte de l'œuvre et celles données sur le texte à étudier. (2 points)

2. Présentez à voix haute l'œuvre et l'extrait à analyser. (2 points)

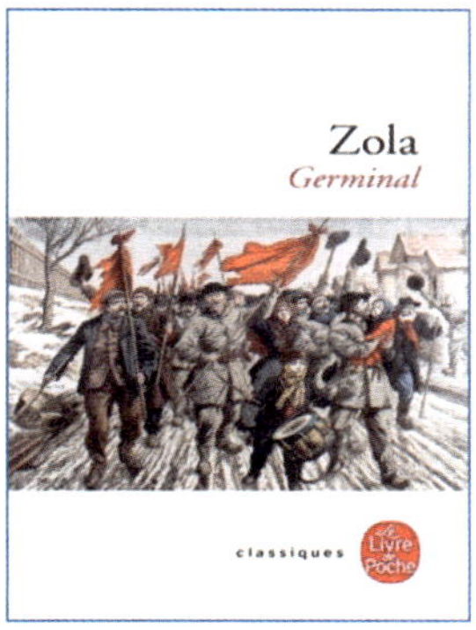

Notes du candidat

– 13e volume de la série des Rougon-Macquart, l'œuvre principale d'Émile Zola.
– Romancier naturaliste, qui explore avec réalisme toutes les facettes de la société du Second Empire.
– Thème principal du roman : la mine et les mineurs, misérables, leur colère et la grève devant le mépris de ceux qui les dirigent.
– Le texte = incipit (entrée du héros, Étienne Lantier, dans le roman, dans l'univers sombre de la mine).

B La lecture expressive du texte (1 minute)

Repères Après l'avoir introduit, le candidat procède à la lecture à voix haute du texte. Le passage est bref : extrait de roman ou de théâtre, poème, discours argumentatif ou relevant de la littérature d'idées. Les caractéristiques du texte doivent être prises en compte pour obtenir une lecture « juste, pertinente et expressive », à travers la fluidité, l'intonation et le respect de la syntaxe.

2 Lecture à voix haute

1. Repérez, au moyen d'une barre oblique, les endroits où il faut marquer une pause courte ; de deux barres obliques ceux qui appellent une pause longue. (1 point)

2. Identifiez les mots-clés sur lesquels votre lecture peut insister. Repérez deux allitérations à faire entendre lors de la lecture. (2 points)

3. Quelle est la tonalité du texte ? Justifiez votre réponse en relevant trois expressions. (1 point)

....

....

....

....

4. Lisez à voix haute le texte en respectant les marques que vous y avez portées. (2 points)

Dans la plaine rase, sous la nuit sans étoiles, d'une obscurité et d'une épaisseur d'encre, un homme suivait seul la grande route de Marchiennes à Montsou, dix kilomètres de pavé coupant tout droit, à travers les champs de betteraves. Devant lui, il ne voyait même pas le sol noir, et il n'avait la sensation de l'immense horizon plat que par les souffles du vent de mars, des rafales larges comme sur une mer, glacées d'avoir balayé des lieues de marais et de terres nues. Aucune ombre d'arbre ne tachait le ciel, le pavé se déroulait avec la rectitude d'une jetée, au milieu de l'embrun aveuglant des ténèbres.

L'homme était parti de Marchiennes vers deux heures. Il marchait d'un pas allongé, grelottant sous le coton aminci de sa veste et de son pantalon de velours. Un petit paquet, noué dans un mouchoir à carreaux, le gênait beaucoup ; et il le serrait contre ses flancs, tantôt d'un coude, tantôt de l'autre, pour glisser au fond de ses poches les deux mains à la fois, des mains gourdes que les lanières du vent d'est faisaient saigner.

Émile Zola, *Germinal*, 1885.

C L'étude de détail (6 minutes)

Repères

L'extrait à analyser a été étudié en classe, mais il ne s'agit surtout pas de répéter une explication apprise par cœur. Le texte répond à une intention de l'auteur, qui guide l'explication : impressions de lecture, progression du poème ou du passage, construction des phrases, tonalité dominante... Chaque texte est unique. L'essentiel est d'en donner une vision personnelle.

3 Analyse

1. **Encadrez, dans le texte de l'activité précédente (Émile Zola, *Germinal*), les connecteurs spatiaux et temporels. Quelle progression mettent-ils en place ?** (1 point)

....

2. **Donnez un titre à chaque paragraphe de cet extrait.** (2 points)

Paragraphe 1 : ....

Paragraphe 2 : ....

3. **Surlignez dans le texte les éléments qui vous ont fait choisir ces titres.** (1 point)

4. **Quelle est dans ce début de roman l'intention du narrateur ?**
Repérez les procédés d'écriture qui lui permettent d'atteindre son objectif. (1 point)

....

....

5. **Que montre le passage d'un paragraphe à l'autre ?** (1 point)

....

....

6. **Qu'annonce le dernier mot de l'extrait ? Comment appelle-t-on cette figure de style ?** (1 point)

....

7. **Mettez vos notes en ordre. Faites l'explication du texte à voix haute.** (1 point)

Déroulement de votre explication : ....

....

....

D La conclusion (1 minute)

Repères

La conclusion de l'exposé est brève. Elle justifie d'abord le choix effectué par l'explication, en qualifiant le texte analysé. Elle fait ensuite le bilan de l'exposé, en revenant sur les intentions de l'auteur lorsqu'il a écrit ce texte, en expliquant en quoi ce passage est important dans l'œuvre intégrale ou le parcours associé.

4 Application

Aidez-vous des notes du candidat pour faire oralement la conclusion de votre analyse. (2 points)

Notes du candidat :
– Début de roman = moment-clé de l'œuvre
– Focalisation zéro (narrateur omniscient)
– Mais : découverte progressive du personnage (pas de nom)
– Entrée du lecteur dans le roman, découverte d'un univers lugubre et cruel (réalisme/naturalisme de Zola)

BILAN .... / 20

53 Répondre à la question de grammaire

1re

« Ce n'est point à produire des beautés, c'est à faire éviter les fautes, que les grands maîtres ont destiné les règles. »

Jean Le Rond d'Alembert, philosophe et encyclopédiste.

A L'analyse de la question

Repères La **question de grammaire**, notée sur **deux points**, porte sur le **texte choisi** pour l'explication. Elle est **fournie au candidat avant sa préparation** de 30 minutes. Elle **vise l'analyse grammaticale d'une** courte **phrase** ou d'un extrait de phrase. Cette analyse peut aussi prendre la forme **d'une transformation de la phrase**, à effectuer et à expliquer.

1 Repérage

Repérez et soulignez les mots-clés dans chaque question de grammaire. (4 points)

Question A. Analysez l'expression de l'interrogation dans la phrase.

Question B. Transformez cette phrase, de manière à obtenir une proposition principale et une proposition circonstancielle. Expliquez les transformations que vous avez opérées.

Question C. Analysez l'expression de la négation dans le dernier vers.

Question D. Transformez la phrase de la première réplique, de manière à obtenir deux propositions coordonnées. Expliquez les transformations que vous avez faites.

B La préparation de la réponse

Repères Il ne faut pas passer trop de temps sur **la question de grammaire**. L'examinateur attend une **réponse précise**, et non pas un développement long et complexe. Le candidat doit **rendre compte** de ses **connaissances** sur le contenu et la **construction d'une phrase** ou d'une partie de phrase. Il doit s'efforcer d'utiliser **le vocabulaire de l'analyse grammaticale**.

2 Application

1. **Repérez les mots-clés des questions posées.** (2 points)

2. **Pour chaque question, surlignez la réponse attendue.** (2 points)

3. **Justifiez la réponse choisie ou expliquez la transformation effectuée.** (2 points)

QUESTION 1

« *Tout est bien sortant des mains de l'Auteur des choses, tout dégénère entre les mains de l'homme.* » (Rousseau)

Transformez cette phrase de manière à obtenir une proposition principale et une proposition subordonnée circonstancielle ; expliquez les transformations opérées.

Réponse A : « Tout est bien sortant des mains de l'Auteur des choses, *tandis que* tout dégénère entre les mains de l'homme. »

Réponse B : « Tout est bien sortant des mains de l'Auteur des choses, *mais* tout dégénère entre les mains de l'homme. »

Explication de la transformation :

✎ ....

QUESTION 2

« *Quels étaient son nom, sa demeure, sa vie, son passé ?* » (Flaubert)

Analysez l'expression de l'interrogation dans cette phrase.

Réponse A : Interrogative directe marquée par l'inversion sujet-verbe en début de phrase (verbe « *étaient* » placé devant le sujet « *son nom, sa demeure, sa vie, son passé* ») et par la ponctuation en fin de phrase (le point d'interrogation).

Réponse B : Question que se pose le personnage au discours indirect libre. L'interrogation souligne le vif intérêt provoqué par cette rencontre.

Justification de la réponse choisie :

✎ ....

C La présentation orale de la réponse (2 minutes)

Repères Le **brouillon** établi pendant la **préparation** sert de **support** à la **question de grammaire**. Le candidat y a préalablement noté **la phrase à analyser** et **sa transformation** éventuelle, repéré **ses divers éléments**. Il a rédigé la **réponse** à apporter. Il peut alors, lors de sa présentation, **citer les mots ou expressions analysés** et **donner oralement les explications attendues**.

3 Démarche

La question de grammaire :
« Son amie n'eut plus de doutes. »
Analysez l'expression de la négation dans cette phrase.

Mme Derville voyait avec étonnement que son amie, toujours grondée par M. de Rênal, à cause de l'excessive simplicité de sa toilette, venait de prendre des bas à jour et de charmants petits souliers arrivés de Paris. Depuis trois jours, la seule distraction de Mme de Rênal avait été de tailler et de faire faire en toute hâte par Élisa une robe d'été, d'une jolie petite étoffe fort à la mode. À peine cette robe put-elle être terminée quelques instants après l'arrivée de Julien ; Mme de Rênal la mit aussitôt. Son amie n'eut plus de doutes. Elle aime, l'infortunée ! se dit Mme Derville. Elle comprit toutes les apparences singulières de sa maladie…

Stendhal, *Le Rouge et le Noir*, 1828.

1. **Repérez le groupe nominal sujet dans la phrase à analyser. À quels personnages renvoie-t-il ? (1 point)**

…………………………………………

2. **Encadrez les deux termes de la négation. Transformez la phrase de manière à indiquer sur quoi elle porte. (1 point)**

…………………………………………

…………………………………………

3. **La négation est-elle totale ou partielle ? Justifiez votre réponse. (1 point)**

…………………………………………

…………………………………………

4. **À l'aide des éléments repérés dans les questions précédentes, présentez oralement votre réponse à la question de grammaire. (2 points)**

4 Préparation et présentation

La question de grammaire :
« En même temps qu'il passait, elle leva la tête. »
Transformez cette phrase de manière à faire apparaître deux propositions indépendantes juxtaposées. Commentez les transformations opérées.

L'extrait fait le récit de la rencontre du héros du roman, Frédéric Moreau, avec madame Arnoux, dont il tombe éperdument amoureux.

Ce fut comme une apparition :
Elle était assise, au milieu du banc, toute seule ; ou du moins il ne distingua personne, dans l'éblouissement que lui envoyèrent ses yeux. En même temps qu'il passait, elle leva la tête ; il fléchit involontairement les épaules ; et, quand il se fut mis plus loin, du même côté, il la regarda.

Gustave Flaubert, *L'Éducation sentimentale*, 1869.

1. **Repérez le sujet de chaque proposition dans la phrase à analyser. À quels personnages du texte renvoient-ils ? (1 point)**

…………………………………………

2. **Encadrez les deux verbes. Indiquez la nature du lien qui unit les deux propositions. (1 point)**

…………………………………………

3. **Opérez la transformation demandée par la question en supprimant la locution conjonctive « en même temps que ». (1 point)**

…………………………………………

…………………………………………

4. **Quel est l'effet produit sur la phrase ? Commentez les nuances apportées par la modification. (1 point)**

…………………………………………

…………………………………………

…………………………………………

5. **À l'aide des éléments repérés dans les questions précédentes, présentez oralement votre réponse à la question de grammaire. (1 point)**

BILAN ………. / 20

54 Défendre une œuvre à l'oral

1re

« Chaque livre a une âme. L'âme de celui qui l'a écrit, et l'âme de ceux qui l'ont lu, ont vécu et rêvé avec lui. »
Carlos Ruiz Zafón, romancier espagnol.

A Le choix de l'œuvre présentée

Repères L'œuvre présentée par le candidat doit figurer dans le descriptif d'activités signé par le professeur de français. Elle peut avoir été étudiée en classe ou être l'une des lectures cursives obligatoires. Il faut nécessairement présenter une œuvre qui a été appréciée, lue, et même relue avant l'épreuve. Cette lecture devra aussi avoir été enrichie par des recherches personnelles.

1 Recherche

1. Chaque élève de Première doit avoir étudié durant l'année plusieurs œuvres intégrales (OI) et fait la lecture cursive, c'est-à-dire personnelle, d'autres œuvres littéraires (LC). Récapitulez les lectures faites durant l'année dans le tableau suivant. (2 points)

	Objet d'étude	Auteur	Titre	Date
OI n° 1				
OI n° 2				
OI n° 3				
OI n° 4				
LC n° 1				
LC n° 2				
LC n° 3				
LC n° 4				

2. Parmi les œuvres étudiées, laquelle vous a paru la plus intéressante ? Pourquoi ? (2 points)

....

3. Parmi les lectures cursives, laquelle vous a paru la plus facile ? Qu'en avez-vous retenu ? (2 points)

....

2 Bilan

Avant de choisir l'œuvre que vous pourriez présenter, répondez aux questions suivantes afin de vérifier si vous êtes prêt.

1. Présentez l'auteur en quelques mots. (1 point)

....

2. Qualifiez l'œuvre moyen de trois adjectifs. (1 point)

....

3. Expliquez en quelques mots quelle place l'œuvre occupe dans l'histoire littéraire (genre, époque, originalité, grands thèmes explorés). (1 point)

....

4. Proposez deux points forts de l'œuvre, deux moments qui vous ont marqué lors de votre lecture. (1 point)

....

B La préparation de la présentation

Repères Le candidat amène l'œuvre avec lui le jour de l'oral. Il peut avoir repéré ses pages favorites avec des post-it. De même, il peut avoir surligné et annoté des passages ou des citations. Ces extraits donneront lieu à une lecture et à des commentaires particuliers pendant la présentation.

3 Préparation

Sur une feuille à part, recopiez et complétez la fiche suivante au moyen du livre que vous avez choisi de présenter.
(4 points)

FICHE DE PRÉPARATION

1. Explication du titre : ....

2. Choix d'une citation qui résume l'œuvre : ....

3. Deux courts extraits (début... fin + numéro de page)

Extrait 1 + justification de ce choix : ....

Extrait 2 + justification de ce choix : ....

4. Pourquoi j'ai choisi de présenter cette œuvre :

....

C La présentation et la justification du choix de l'œuvre

Repères Elle dure trois à quatre minutes environ. Le candidat présente brièvement l'œuvre, puis expose les raisons de son choix. Dans un premier temps, il peut présenter le projet de l'auteur et ce qu'il a voulu dire. Dans un deuxième temps, il peut s'appuyer sur quelques passages courts lus à voix haute pour montrer deux ou trois moments forts de l'œuvre.

4 Analyse

1. **Lisez cette présentation d'un candidat et repérez l'objectif de chacune des parties de son discours.**
(3 points)

La présentation du candidat

Azouz Begag veut, à travers *Le Gone du Chaâba* apporter un témoignage de l'enfance qu'il a vécu dans la banlieue lyonnaise dans les années 1960. Il se raconte, montre comment il a grandi et a souffert de ses différences et de sa double culture, algérienne et française.

J'ai bien compris à travers ce récit contemporain ce qu'est un roman autobiographique. Il s'agit d'un roman moderne, qui peut plaire, car il traite de la question des origines, de l'immigration et d'une certaine forme de bonheur au milieu de la misère. (lecture d'un bref extrait)

On le voit, l'enfant mène un véritable combat pour « réussir » à l'école, poussé en cela par son père. Mais il a souvent sentiment de se heurter à l'hostilité des autres.

« Le maître a toujours raison. S'il dit que nous tous descendants des Gaulois, c'est qu'il a raison, et tant pis si chez moi nous n'avons pas les mêmes moustaches. » J'ai trouvé cette phrase à la fois comique et pathétique. L'enfant veut à tout prix honorer son père, mais il a conscience de l'absurdité de sa situation.

Pour terminer, je dirai que ce roman donne une leçon de vie au lecteur. Il nous a été proposé en lecture cursive, et je ne regrette pas de l'avoir choisi et lu car il permet de mieux comprendre beaucoup de choses.

2. **Évaluez la présentation à partir de la grille de critères proposée.** (3 points)

Grille d'évaluation	Oui	Non	Remarques
Le niveau de langue est satisfaisant.			
La présentation suit une progression.			
Le choix de l'œuvre est bien justifié.			
Des exemples pertinents sont proposés.			
La présentation est personnelle.			

BILAN .... / 20

55 Réussir l'entretien

1re

« Bien écouter et bien répondre est une des plus grandes perfections qu'on puisse avoir dans la conversation. »

François de La Rochefoucauld, moraliste.

A Les objectifs de l'entretien

Repères L'examinateur prend appui sur **la présentation de l'œuvre intégrale** faite par le candidat pour lancer **un dialogue**. Le dialogue a pour objectif d'évaluer **les capacités du candidat à échanger oralement**, tout en vérifiant sa **connaissance de l'œuvre**. L'examinateur peut lui demander de **nuancer** ou de **développer** sa réflexion sur l'œuvre présentée, ou encore **l'inviter à défendre son point de vue**.

1 Repérage

Interrogez-vous : les questions et remarques suivantes demandent-elles de nuancer une remarque, de développer une réflexion, de défendre un point de vue, ou de vérifier la capacité du candidat à dialoguer ? (3 points)

a) Vous en avez terminé ?
b) Pourriez-vous préciser de quel poème vous parliez lorsque vous évoquiez la révolte de Rimbaud contre la guerre ?
c) Vous lisez beaucoup ?
d) Lorsque vous dites « touchant » le passage que vous avez lu, sur quels éléments vous appuyez-vous ?
e) Expliquez-moi ça, s'il vous plaît !
f) L'auteur aurait donc vécu ce qu'il raconte ? Comment appelle-t-on ce type de récits ?

B Le contenu de l'entretien (4 minutes)

Repères **Les questions** qui sont posées **dépendent de la présentation** faite par le candidat : certaines questions peuvent porter sur **la connaissance de l'œuvre**, d'autres sur **le lien entre cette œuvre et d'autres textes**, d'autres encore sur **les impressions ressenties** durant la lecture... Dans tous les cas, les questions attendent en réponse **une réflexion personnelle** ou **un jugement argumenté**.

2 Préparation

1. Répondez en quelques mots aux questions, en vous appuyant sur l'œuvre que vous avez choisi de présenter. (3 points)

a) Pourquoi avez-vous choisi de présenter cette œuvre ? Vous n'avez pas choisi la plus facile !

....

....

b) Quel parcours était associé à cette lecture ? Pourriez-vous m'expliquer en quoi l'œuvre et le parcours sont liés ?

....

....

c) Si vous deviez résumer cette œuvre au moyen d'un seul mot, lequel choisiriez-vous ? Pourquoi ?

....

....

2. À partir de la fiche que vous avez préparée pour la présentation de l'œuvre (fiche 54), imaginez deux questions que l'examinateur pourrait vous poser. (4 points)

1) ....

....

....

....

2) ....

....

....

....

C L'écoute et la compréhension des questions

Repères Le dialogue impose une attitude d'écoute. Celle-ci passe par le regard, le langage non verbal et la parole. Un sourire ou un hochement de tête signifient que la question est comprise, un froncement de sourcils indique la réflexion. Si la question est mal comprise, il ne faut pas hésiter à demander une reformulation.

3 Découverte

Réfléchissez sur votre attitude physique lors d'un oral. Complétez le tableau. Notez les cinq comportements (gestes, regard, position du corps...) que vous devez absolument maîtriser pour mettre en valeur votre discours oral. Notez les cinq comportements que vous devez impérativement éviter. (5 points)

Qualités à rechercher	Défauts à éviter
....	....
....	....
....	....
....	....
....	....

D La formulation des réponses

Repères Pendant le dialogue, le langage doit être clair et adapté à la communication orale d'un examen : pas de langage familier ni de réponse par « oui » ou « non » sans justification. Il est inutile de chercher à répondre trop vite. Au contraire, on peut prendre quelques secondes pour réfléchir à une réponse.

4 Analyse

1. Lisez ce dialogue entre une candidate et l'examinateur. Repérez les relances faites par l'examinateur. (1 point)

2. Que souligne la première remarque de l'examinateur ? À quoi sert-elle ? (1 point)

....

....

3. Repérez les points positifs et les points négatifs des réponses de la candidate. Comment jugez-vous ses réponses ? (2 points)

....

....

4. Imaginez la dernière réponse de la candidate. (1 point)

....

....

Examinateur. *Vous semblez avoir beaucoup aimé cette pièce !*
Candidate. *Je l'ai adorée ! J'y connaissais pourtant rien, au théâtre, avant. Du coup, je m'y suis mise...*
Examinateur. *C'est-à-dire ?*
Candidate. *Ben... Je fais du théâtre, maintenant. Dans mon quartier. Et nous allons mettre en scène la pièce à la fin de l'année, avec les décors et tout.*
Examinateur. *Et c'est grâce à cette lecture ?*
Candidate. *Oui. En classe, la prof nous a demandé de jouer un passage de la pièce. Déjà que j'adorais lire à voix haute ! Mais là, dans le rôle du personnage d'Inès, j'ai trouvé ça super.*
Examinateur. *Comment jugez-vous ce personnage ? Est-ce que le fait de jouer son rôle vous a permis de mieux comprendre sa personnalité ?*
Candidate. ....

BILAN .... / 20

Les mots à utiliser dans une analyse littéraire

Accumulation : cette figure de style consiste à écrire, à la suite les uns des autres, une série de termes de même nature (série de noms, série de verbes…).

Acte : la partie d'une pièce de théâtre composée d'une série de scènes ou de tableaux. Dans le théâtre classique, une pièce comportait en général cinq actes.

Action : elle désigne la suite des événements dans un récit, une pièce de théâtre, un film.

Alexandrin : vers de douze syllabes. Le nom d'alexandrin vient d'un des premiers romans écrits en vers de douze syllabes, qui s'intitulait *Le Roman d'Alexandre*.

Allégorie : cette figure de style consiste à représenter une notion abstraite par une personne portant des vêtements ou des objets symboliques. Parfois elle agit ou parle.

Allitération : répétition insistante, à une fréquence supérieure à la fréquence habituelle dans la langue, du même son de consonne.

Anaphore : répétition du même mot ou de la même expression au début de plusieurs vers, phrases ou paragraphes.

Antiphrase : figure de style consistant à dire le contraire de ce que l'on veut faire entendre, tout en ne laissant aucun doute sur ce qu'on pense.

Antonyme : terme de sens contraire par rapport à un autre terme.

Aparté : au théâtre, réplique entendue par le public mais non par l'interlocuteur pourtant en scène.

Apologue : court récit allégorique, en vers ou en prose, contenant une morale.

Apostrophe : brusque interpellation d'une personne, ou d'une chose qui se trouve ainsi personnifiée.

Assonance : répétition insistante, à une fréquence supérieure à la fréquence habituelle dans la langue, du même son de voyelle.

Caricature : portrait qui grossit les défauts de la personne, dans le but de faire rire.

Césure : coupe principale fixe dans un vers.

Champ lexical : l'ensemble des mots qui, dans un texte, appartiennent par leur dénotation à un même domaine.

Chiasme : figure de style consistant à faire se suivre deux membres de phrase contenant les mêmes éléments syntaxiques et lexicaux, mais dont on intervertit l'ordre dans le deuxième membre de phrase, de façon à créer un effet de miroir.

Chute : élément de surprise par lequel on termine un texte, dans la nouvelle par exemple. Dans un sonnet, c'est le dernier vers.

Concession : faire une concession, c'est admettre un point de vue différent du sien. Un raisonnement par concession commence d'abord par reconnaître que la thèse adverse se justifie dans une certaine mesure. Ensuite le raisonnement s'attache à critiquer et à exposer une antithèse.

Connecteur : terme qui établit un lien logique entre deux énoncés.

Connotations : ensemble des associations d'idées et d'impressions qui peuvent s'ajouter au sens strict d'un mot, par influence du contexte, ou des références culturelles, sociales ou personnelles.

Contre-rejet : fait de commencer un groupe syntaxique ou une phrase à la fin d'un vers pour le continuer au vers suivant.

Controverse : il s'agit d'un débat, d'une polémique, sur un sujet à propos duquel il y a désaccord.

Coup de théâtre : événement imprévu qui modifie le cours de l'action.

Coupes : pauses du vers, qui se situent après chaque syllabe accentuée.

Dénotation : sens premier d'un mot, tel que le donne le dictionnaire.

Dénouement : moment où, à la fin d'une pièce de théâtre, se résout le conflit.

Didascalies : indications de l'auteur concernant les personnages présents et leur prise de parole, les décors, les costumes, les gestes, la façon de proférer le texte.

Diérèse : prononciation en deux voyelles nettement séparées de deux sons vocaliques contigus dans un même mot (l'inverse de la synérèse).

Discours rapporté : paroles d'un personnage transcrites dans un récit au style direct ou indirect, ou encore au style indirect libre.

Distique : strophe de deux vers.

Dizain : strophe de dix vers.

Double énonciation : expression utilisée pour le texte théâtral, signifiant que le personnage s'adresse à deux interlocuteurs à la fois : à un autre personnage, et indirectement au public.

Effet de réel : impression de réalité perçue par le lecteur et qui est obtenue à l'aide de procédés divers, comme par exemple la description ou l'adoption du point de vue du personnage.

Ellipse : omission d'un ou plusieurs éléments dans une phrase ou dans un récit.

Éloquence : art de bien parler.

Emphase : on parle d'emphase pour caractériser une expression d'une solennité excessive.

Enjambement : il y a enjambement lorsque la fin d'un vers ne coïncide pas avec la fin d'un groupe syntaxique.

Énonciation : l'acte de production de l'énoncé.

Énumération : accumulation de termes qui décrivent une situation.

Épilogue : à la suite d'un récit, l'épilogue raconte rapidement ce qui s'est passé.

Épique : ton qui donne à un événement la valeur d'un acte héroïque.

Euphémisme : figure de style dont le but est d'atténuer le sens d'un mot en employant à sa place un autre mot ou une autre expression.

Focalisation (ou point de vue) : choix d'un type de narration qui consiste à faire savoir au lecteur tout ou partie de l'histoire racontée : ou il sait tout (focalisation zéro), ou il ne sait que ce qu'il verrait de l'extérieur (focalisation externe), ou il ne sait que ce que voit, pense et ressent un personnage (focalisation interne).

Gradation : succession de termes d'intensité croissante (gradation ascendante) ou décroissante (gradation descendante).

Harmonie imitative : répétition de sons par laquelle l'auteur imite le bruit de ce qui est évoqué dans le texte.

Harmonie suggestive : répétition de sons par laquelle l'auteur suggère un sentiment ou une sensation.

Hémistiche : chacune des deux moitiés de l'alexandrin ou du décasyllabe.

Homonyme : on appelle homonymes des mots qui ont un sens différent mais qui se prononcent de la même façon.

Hyperbole : figure de style consistant à employer des termes trop forts, exagérés.

Implicite : propos qui n'est pas exprimé dans un énoncé mais qui est présupposé ou sous-entendu.

Incipit : première phrase d'une œuvre, qui introduit le lecteur dans cette œuvre.

Intonation : mouvement mélodique de la parole, caractérisé par des variations de hauteur.

Intrigue : enchaînement des événements dans un récit de fiction ou dans une pièce de théâtre. Dans un récit de fiction, on peut mettre en évidence les phases successives de l'intrigue.

Ironie : moquerie qui consiste à faire entendre le contraire de ce qu'on dit, ou à donner aux mots un sens détourné.

Litote : figure de style consistant à dire le moins pour suggérer le plus.

Lyrisme : on qualifie ainsi l'expression de sentiments personnels intimes.

Métaphore : figure de style qui consiste à utiliser, pour désigner une réalité, un terme ou des termes (métaphore filée) qui sont habituellement employés pour désigner une autre réalité qui entretient avec la première un rapport de ressemblance.

Métonymie : figure de style consistant à désigner un référent par un terme désignant habituellement un autre référent, mais qui entretient avec le premier un rapport soit de contenant à contenu (« la salle a applaudi »), soit d'instrument pour celui qui l'emploie (« c'est le premier violon »), soit de lieu pour la chose (un coulommiers).

Métrique : étude des éléments de mesure dont sont formés les vers.

Néologisme : invention d'un mot qui n'existait pas précédemment dans le lexique. Le terme de néologisme désigne aussi le mot inventé lui-même. Le fait de donner un sens nouveau à un mot déjà existant peut aussi créer un néologisme.

Octosyllabe : vers de huit syllabes.

Opposition : mode de raisonnement qui confronte des idées contradictoires.

Oxymore (ou alliance de mots) : figure de style permettant de relier étroitement dans la même expression deux termes évoquant des réalités contradictoires.

Paradoxe : un paradoxe est une idée qui surprend parce qu'elle est en contradiction avec ce qui est habituellement admis.

Parallélisme : succession de deux constructions lexicalement et/ou syntaxiquement très proches pour exprimer deux idées.

Paratexte : le terme désigne l'ensemble des informations données sur un texte : introduction, notes, renseignements biographiques sur l'auteur…

Pathétique : caractère d'un texte qui provoque une grande émotion, qui éveille par exemple des sentiments de pitié.

Période : phrase complexe amplement, clairement et harmonieusement développée, qui comporte une phase montante et une phase descendante.

Péripétie : dans une pièce de théâtre ou un récit, c'est un changement brusque de la situation.

Périphrase : remplacement d'un mot par une expression équivalente qui exprime une des qualités ou un des attributs de la réalité désignée.

Personnification : figure de style consistant à prêter des comportements ou des sentiments humains à un être inanimé ou à un animal.

Poème en prose : poème qui abandonne la forme du vers et qui valorise la recherche du rythme de la phrase et des images.

Polémique : le terme vient du grec *polemos*, qui signifie « la guerre ».

– Adjectif = qui suppose une attitude critique.

– Nom = débat violent opposant des idées.

Polysémie : pluralité de sens d'une unité de discours (mot, expression, phrase…). Le terme ou l'expression admet plusieurs sens entre lesquels rien ne permet de choisir.

Quatrain : strophe de quatre vers.

Quintil : strophe de cinq vers.

Quiproquo : confusion qui peut porter sur un personnage, un objet ou un lieu, qui est pris pour un autre. Le quiproquo est un ressort de la comédie, il permet à l'action de rebondir.

Rejet : terme indiquant qu'un groupe syntaxique, une phrase ou une proposition s'achève, non à la rime, mais au début du vers suivant.

Réseau lexical : ensemble des mots d'un texte qui, par leur sens dénoté, mais aussi par leurs sens connotés (c'est la différence avec le champ lexical) se rattachent à un même domaine.

Rime : répétition du même son à la fin de deux ou plusieurs vers.

Rime intérieure : répétition de la rime finale au milieu du vers.

Satirique (texte) : qui dénonce et ridiculise les défauts d'un individu ou d'une société.

Scène (théâtre) : unité de découpage d'un acte qui correspond à l'arrivée ou au départ d'un personnage.

Sizain : strophe de six vers.

Sommaire : épisode d'un récit raconté avec une grande brièveté.

Sonnet : poème composé de quatorze décasyllabes ou alexandrins répartis en deux quatrains et un sizain lui-même divisible en deux tercets. Les deux quatrains comportent les mêmes rimes : le dernier vers crée un effet de surprise.

Stichomythie : ce terme appartient au lexique du théâtre. Il désigne la partie d'un dialogue dramatique où les interlocuteurs se répondent vers pour vers.

Strophe : groupe de vers organisé en un ensemble structuré qui participe à la composition d'un poème.

Suffixe : élément composé d'une ou plusieurs lettres, qui s'ajoute à la fin du radical d'un mot pour en modifier le sens.

Symbole : métaphores, images, objets concrets qui évoquent une idée, un idéal ou un état d'âme.

Synecdoque : désignation d'un être ou d'un objet au moyen d'une partie de cet être ou de cet objet (ex. : des bras s'agitaient = des individus).

Synonymes : mots qui ont le même sens, ou un sens très proche.

Syntaxe : la syntaxe est la partie de la grammaire qui concerne la façon dont s'organisent les divers constituants de la phrase.

Tercet : strophes de trois vers.

Tirade : au théâtre, le terme désigne une suite de phrases ou de vers que l'auteur dit sans interruption.

Vers : énoncé identifiable par le retour à la ligne et par le rythme.

Vers impair : vers qui comprend un nombre impair de syllabes.

Vers libres : cette expression a d'abord été employée pour désigner le mélange de divers types de vers dans un ensemble ne respectant pas les systèmes strophiques traditionnels (chez La Fontaine par exemple). Puis l'expression a évolué et peut désigner aussi des vers non rimés.

Versification : contraintes qui définissent le vers du point de vue du mètre, du rythme, de la rime.

Les tonalités qu'il faut savoir repérer

Tonalité	Définition	Procédés utilisés
La tonalité comique	Elle cherche à provoquer le rire par des situations, des comportements, des paroles. Elle peut également reposer sur le basculement de l'ordre logique vers une tonalité absurde.	• jeux sur le langage : mots, sons, sens • répétitions de situations, de gestes • exagération • quiproquos
La tonalité tragique	Elle suscite une impression de terreur et de fascination devant un destin implacable qui frappe les personnages.	• lexique de la mort et de la fatalité • langage soutenu • interrogations, antithèses
La tonalité pathétique	Elle suggère la pitié devant l'intensité du malheur qui accable des personnages vivant une situation tourmentée.	• lexique de la souffrance, du malheur • supplications, lamentations
La tonalité lyrique	Elle met en place une intimité avec le destinataire par l'expression de sentiments personnels, sur un mode souvent mélancolique ou amoureux.	• lexique des sentiments • jeux sur les pronoms : *je, tu toi…* • exclamations, apostrophes
La tonalité réaliste	Elle s'appuie sur l'évocation de lieux et de personnages existants.	• lexique spécialisé, technique, professionnel • descriptions minutieuses
La tonalité épique	Elle magnifie les personnages et les événements.	• lexique du combat • procédés de l'amplification (hyperboles, symboles) • images (comparaisons et métaphores)
La tonalité fantastique	Elle repose sur l'intrusion dans le réel d'un événement inexplicable qui provoque la peur. Elle laisse entrevoir un monde inquiétant.	• monde inquiétant • personnages effrayants ou monstrueux
La tonalité polémique	Elle manifeste la colère et la révolte contre des personnes, des idées ou des institutions. On la trouve notamment dans le pamphlet, l'essai, les contes philosophiques, les textes de presse.	• lexique dépréciatif, exagération • apostrophe, appels aux valeurs
La tonalité didactique	Elle cherche à faire partager un savoir, parfois accompagné d'une morale.	• explications illustrées d'exemples • termes mélioratifs ou péjoratifs
La tonalité satirique	Elle amplifie les défauts d'une personne ou d'une institution pour les tourner en dérision. C'est la tonalité favorite de toutes les formes de critiques.	• caricature • périphrases dévalorisantes • hyperboles, antithèses, amplifications
La tonalité ironique	Elle consiste à se moquer en laissant entendre le contraire de ce que l'on dit. Elle est employée dans tous les types de discours oratoires.	• antiphrases • sous-entendus équivoques • rapprochements inattendus de mots

Les connecteurs à utiliser

Le procédé	La relation logique	Les connecteurs
La cause	Elle indique l'origine d'un fait, son point de départ qui produit ou occasionne quelque chose.	*en effet, car,* *parce que, puisque,* *en raison de, du fait de,* *vu que, sous prétexte que, comme,* *à cause de, grâce à…*
La conséquence	Elle expose l'aboutissement d'un fait, sa suite logique ou le résultat d'un raisonnement.	*ainsi,* *c'est pourquoi,* *à tel point que,* *en conséquence, si bien que,* *de sorte que, donc…*
La concession	Elle souligne une contradiction apparente. Elle peut aussi reconnaître en partie la validité d'un argument adverse avant de le réfuter.	*il est vrai que,* *sans doute,* *certes,* *quoique,* *même si, bien que…*
Le but	Il indique le résultat poursuivi, l'intention qui anime une action, l'objectif à atteindre.	*pour, afin que,* *dans l'intention de, en vue de,* *de peur que,* *de crainte que…*
L'addition **L'énumération**	Elle ajoute une idée à une autre idée, qu'elle met sur le même plan ou classe selon un ordre logique.	*et, puis,* *en outre, de surcroît,* *d'ailleurs, voire,* *d'une part… d'autre part,* *d'un côté… de l'autre,* *par ailleurs,* *ensuite…*
L'opposition	Elle souligne une contradiction plus ou moins forte entre deux idées ou deux faits.	*mais,* *cependant,* *en revanche,* *au contraire, or,* *alors que,* *toutefois, pourtant…*
L'explication	Elle éclaire une idée ou un fait en apportant des informations supplémentaires ou des exemples.	*c'est-à-dire,* *en d'autres termes,* *d'ailleurs,* *effectivement,* *en effet…*
L'illustration	Elle donne un exemple pour rendre le propos plus concret.	*par exemple,* *c'est ainsi que,* *c'est le cas de, notamment,* *comme, tel…*

Les mouvements littéraires qu'il faut retenir

Mouvements	Principes	Procédés privilégiés
L'humanisme (XVIe **siècle)**	• placer l'homme au centre des préoccupations morales, sociales et esthétiques • encourager les sciences et l'éducation • se nourrir des écrivains de l'Antiquité	• l'usage des sentences et des maximes • la citation de la Bible et des auteurs de l'Antiquité • l'interpellation du lecteur à travers le questionnement
La Pléiade (XVIe **siècle)**	• imiter les poètes grecs et latins, tout en écrivant en français • enrichir la langue par des néologismes et des mots composés • revaloriser le poète comme messager inspiré	• l'adoption de l'ode et du sonnet comme formes privilégiées • l'utilisation de l'alexandrin • le recours aux images et aux symboles • l'expression des sentiments lyriques
Le baroque (XVIIe **siècle)**	• privilégier l'originalité de la création contre l'imitation des Anciens • exalter le désordre et le vertige devant l'univers • utiliser les masques et les miroirs comme symboles de la complexité du monde	• les formes de l'amplification et de la virtuosité : – hyperboles – exagérations – antithèses • la mise en abyme • les jeux sur la répétition : – anaphores – parallélismes
Le classicisme (XVIIe **siècle)**	• chercher à plaire au lecteur en provoquant le rire ou les larmes • instruire le lecteur en délivrant un enseignement moral • respecter les valeurs d'ordre et de symétrie	• l'adoption de la règle des trois unités au théâtre • l'utilisation d'un langage soutenu dans la tragédie • le recours à toutes les formes de l'éloquence
Les Lumières (XVIIIe **siècle)**	• développer l'exercice de la raison critique • diffuser le savoir pour combattre les préjugés • défendre la liberté et la circulation des idées et des hommes • attaquer toutes les formes d'intolérance et de superstitions	• l'utilisation des formes de la polémique, de l'ironie et de la satire • le recours à l'argumentation directe (l'essai) • l'emploi de l'argumentation indirecte (le conte philosophique) • l'expression de l'indignation et de la révolte
Le romantisme (1re moitié du XIXe **siècle)**	• exprimer l'intensité des passions du moi souffrant et amoureux • contester les règles établies pour favoriser la création artistique • exalter la communion avec la nature • rechercher la méditation dans la solitude	• le mélange des genres et des registres • les audaces de la versification • le langage hyperbolique • les formes du lyrisme : – présence des pronoms de la 1re et de la 2e personnes – exclamations – lexique des sentiments

Mouvements	Principes	Procédés privilégiés
Le réalisme (XIXe siècle)	• refuser toutes les formes d'idéalisation • représenter l'homme et la société dans leur réalité • explorer tous les milieux sociaux • peindre les misères et les souffrances sociales	• le souci du détail vrai • le développement du portrait et de la description • l'utilisation du discours indirect libre
Le naturalisme (2de moitié du XIXe siècle)	• approfondir l'héritage du réalisme • s'appuyer sur une démarche scientifique • appliquer les lois de l'hérédité et de l'influence du milieu	• l'utilisation du langage familier dans le discours direct • le recours aux termes spécialisés liés aux métiers • la multiplication des symboles
Le symbolisme (2de moitié du XIXe siècle)	• créer un univers évocateur et suggestif • suggérer les états d'âme et les sentiments intimes • établir des correspondances entre le monde réel et l'univers des symboles	• l'harmonie suggestive à travers la musicalité du langage poétique • le recours systématique aux symboles • l'utilisation d'un langage énigmatique et recherché • la profusion des images
Le surréalisme (XXe siècle)	• s'ouvrir à l'univers du rêve et de l'inconscient • faire du hasard un instrument poétique • célébrer l'amour fou	• l'écriture automatique • l'utilisation d'images arbitraires et surprenantes • jeu sur la forme et le sens des mots
L'existentialisme et l'absurde (2de moitié du XXe siècle)	• explorer les angoisses profondes de l'homme • représenter un univers sans repères ni valeurs • exprimer la difficulté de communiquer avec les autres	• la mise en place de situations ordinaires • le jeu sur les clichés et les stéréotypes du langage • l'utilisation du lexique de l'ennui et de la banalité • le mélange des registres tragique et comique
Le Nouveau roman (2de moitié du XXe siècle)	• rompre avec les formes du récit traditionnel • refuser la représentation classique du personnage • donner une vision fragmentée et énigmatique de l'univers	• le jeu sur les variations et les répétitions d'une même situation • l'usage intense du monologue intérieur • la description froide et minutieuse des objets

Les périodes de l'histoire de la littérature qu'il faut avoir en tête

Époques	Histoire littéraire	Les grands auteurs
Le Moyen Âge (500-1500)	Chantée par les troubadours, la littérature du monde féodal est d'abord orale. Les farces et les fabliaux représentent avec humour la vie quotidienne. La poésie exalte l'amour courtois. Alors que le français se substitue peu à peu au latin, l'invention de l'imprimerie en 1440 assure l'essor du livre.	• Chrétien de Troyes • Charles d'Orléans • François Villon • Nombreux auteurs anonymes
La Renaissance (XVIe **siècle**)	La passion pour la culture antique, la découverte du Nouveau Monde, le développement des arts et des sciences caractérisent le siècle. Une vie de cour raffinée se développe autour de François Ier. Les poètes y chantent la gloire des puissants et le triomphe de l'amour. Des écrivains engagent une réflexion sur l'homme et la société, tandis que les guerres de religion bouleversent la fin du siècle.	• Clément Marot • François Rabelais • Joachim Du Bellay • Pierre de Ronsard, • Michel de Montaigne • Agrippa d'Aubigné
L'âge classique (XVIIe **siècle**)	Louis XIV impose son autorité et fait de Versailles le symbole du pouvoir royal. Les Académies favorisent le « beau langage » en fixant normes et règles. Protégés par le roi, les écrivains et les artistes créent les chefs d'œuvres du clacissisme. Les fables et les satires critiquent la société et les mœurs du temps. À la croisée de la cour et de la ville se forge ainsi l'idéal de l'honnête homme.	• Corneille • Pascal • Molière • La Fontaine • Racine • La Bruyère
Le siècle des Lumières (XVIIIe **siècle**)	Dans les salons et les cafés, les écrivains philosophes exercent leur esprit critique contre les préjugés. Ils réclament, dans leurs écrits polémiques, tolérance et justice. S'appuyant sur la raison, ils ont pour ambition d'éclairer les esprits : c'est le siècle des « Lumières ». La Révolution française est l'aboutissement de la remise en cause de l'Ancien Régime.	• Montesquieu • Marivaux, Laclos • Voltaire, Diderot, Rousseau • Beaumarchais • Condorcet
Le temps des révoltes et des certitudes (XIXe **siècle**)	Les écrivains conservent un esprit de révolte contre l'ordre établi. La société industrielle assure le triomphe de la bourgeoisie. Les avancées techniques bouleversent le monde. Essor de la presse alors que le roman s'impose comme le genre littéraire dominant. La littérature est partagée entre l'exaltation du progrès et le constat d'une misère nouvelle.	• Chateaubriand • Hugo, Stendhal • Balzac, Flaubert • Baudelaire, Verlaine, Rimbaud • Zola, Maupassant
L'explosion des avant-gardes (XXe **siècle**)	Au début du siècle, l'art et la littérature font preuve d'un dynamisme exceptionnel. Contestant les valeurs d'une société après le désastre de deux guerres mondiales, les écrivains s'engagent par leurs prises de position. Leurs œuvres témoignent d'une réflexion sur le sens de l'existence humaine et sur la solitude au sein des sociétés modernes.	• Proust, Apollinaire • Breton, Éluard • Céline, Camus, Sartre • Ionesco, Simon, Duras
Les ouvertures et les interrogations (XXIe **siècle**)	La mondialisation de l'économie et des échanges engendre l'uniformité de la culture. Mais elle favorise aussi des formes littéraires originales, fondées sur le métissage et la littérature francophone. Le roman comme le théâtre, en mettant le « je » au cœur du texte, s'interrogent ainsi sur la valeur de l'individu au sein du monde moderne.	• Yasmina Réza • Michel Houellebecq • Virginie Despentes • Leila Slimani

Être

INDICATIF

Présent

je suis
tu es
il est
nous sommes
vous êtes
ils sont

Passé composé

j'ai été
tu as été
il a été
nous avons été
vous avez été
ils ont été

Imparfait

j'étais
tu étais
il était
nous étions
vous étiez
ils étaient

Plus-que-parfait

j'avais été
tu avais été
il avait été
nous avions été
vous aviez été
ils avaient été

Passé simple

je fus
tu fus
il fut
nous fûmes
vous fûtes
ils furent

Passé antérieur

j'eus été
tu eus été
il eut été
nous eûmes été
vous eûtes été
ils eurent été

Futur simple

je serai
tu seras
il sera
nous serons
vous serez
ils seront

Futur antérieur

j'aurai été
tu auras été
il aura été
nous aurons été
vous aurez été
ils auront été

SUBJONCTIF

Présent

que je sois
que tu sois
qu'il soit
que nous soyons
que vous soyez
qu'ils soient

Passé

que j'aie été
que tu aies été
qu'il ait été
que nous ayons été
que vous ayez été
qu'ils aient été

Imparfait

que je fusse
que tu fusses
qu'il fût
que nous fussions
que vous fussiez
qu'ils fussent

Plus-que-parfait

que j'eusse été
que tu eusses été
qu'il eût été
que nous eussions été
que vous eussiez été
qu'ils eussent été

CONDITIONNEL

Présent

je serais
tu serais
il serait
nous serions
vous seriez
ils seraient

Passé première forme

j'aurais été
tu aurais été
il aurait été
nous aurions été
vous auriez été
ils auraient été

Passé deuxième forme

j'eusse été
tu eusses été
il eût été
nous eussions été
vous eussiez été
ils eussent été

IMPÉRATIF

Présent

sois
soyons
soyez

Passé

aie été
ayons été
ayez été

PARTICIPE

Présent

étant

Passé

été
ayant été

INFINITIF

Présent

être

Passé

avoir été

GÉRONDIF

Présent

en étant

Passé

en ayant été

Avoir

INDICATIF

Présent

j'**ai**
tu **as**
il **a**
nous **avons**
vous **avez**
ils **ont**

Passé composé

j'ai **eu**
tu as **eu**
il a **eu**
nous avons **eu**
vous avez **eu**
ils ont **eu**

Imparfait

j'**avais**
tu **avais**
il **avait**
nous **avions**
vous **aviez**
ils **avaient**

Plus-que-parfait

j'avais **eu**
tu avais **eu**
il avait **eu**
nous avions **eu**
vous aviez **eu**
ils avaient **eu**

Passé simple

j'**eus**
tu **eus**
il **eut**
nous **eûmes**
vous **eûtes**
ils **eurent**

Passé antérieur

j'eus **eu**
tu eus **eu**
il eut **eu**
nous eûmes **eu**
vous eûtes **eu**
ils eurent **eu**

Futur simple

j'**aurai**
tu **auras**
il **aura**
nous **aurons**
vous **aurez**
ils **auront**

Futur antérieur

j'aurai **eu**
tu auras **eu**
il aura **eu**
nous aurons **eu**
vous aurez **eu**
ils auront **eu**

SUBJONCTIF

Présent

que j'**aie**
que tu **aies**
qu'il **ait**
que nous **ayons**
que vous **ayez**
qu'ils **aient**

Passé

que j'aie **eu**
que tu aies **eu**
qu'il ait **eu**
que nous ayons **eu**
que vous ayez **eu**
qu'ils aient **eu**

Imparfait

que j'**eusse**
que tu **eusses**
qu'il **eût**
que nous **eussions**
que vous **eussiez**
qu'ils **eussent**

Plus-que-parfait

que j'eusse **eu**
que tu eusses **eu**
qu'il eût **eu**
que nous eussions **eu**
que vous eussiez **eu**
qu'ils eussent **eu**

CONDITIONNEL

Présent

j'**aurais**
tu **aurais**
il **aurait**
nous **aurions**
vous **auriez**
ils **auraient**

Passé première forme

j'aurais **eu**
tu aurais **eu**
il aurait **eu**
nous aurions **eu**
vous auriez **eu**
ils auraient **eu**

Passé deuxième forme

j'eusse **eu**
tu eusses **eu**
il eût **eu**
nous eussions **eu**
vous eussiez **eu**
ils eussent **eu**

IMPÉRATIF

Présent

aie
ayons
ayez

Passé

aie **eu**
ayons **eu**
ayez **eu**

PARTICIPE

Présent

ayant

Passé

eu
eue
eus
eues
ayant **eu**

INFINITIF

Présent

avoir

Passé

avoir **eu**

GÉRONDIF

Présent

en **ayant**

Passé

en ayant **eu**

Aimer (1er groupe)

INDICATIF

Présent
j'aime
tu aimes
il aime
nous aimons
vous aimez
ils aiment

Passé composé
j'ai aimé
tu as aimé
il a aimé
nous avons aimé
vous avez aimé
ils ont aimé

Imparfait
j'aimais
tu aimais
il aimait
nous aimions
vous aimiez
ils aimaient

Plus-que-parfait
j'avais aimé
tu avais aimé
il avait aimé
nous avions aimé
vous aviez aimé
ils avaient aimé

Passé simple
j'aimai
tu aimas
il aima
nous aimâmes
vous aimâtes
ils aimèrent

Passé antérieur
j'eus aimé
tu eus aimé
il eut aimé
nous eûmes aimé
vous eûtes aimé
ils eurent aimé

Futur simple
j'aimerai
tu aimeras
il aimera
nous aimerons
vous aimerez
ils aimeront

Futur antérieur
j'aurai aimé
tu auras aimé
il aura aimé
nous aurons aimé
vous aurez aimé
ils auront aimé

SUBJONCTIF

Présent
que j'aime
que tu aimes
qu'il aime
que nous aimions
que vous aimiez
qu'ils aiment

Passé
que j'aie aimé
que tu aies aimé
qu'il ait aimé
que nous ayons aimé
que vous ayez aimé
qu'ils aient aimé

Imparfait
que j'aimasse
que tu aimasses
qu'il aimât
que nous aimassions
que vous aimassiez
qu'ils aimassent

Plus-que-parfait
que j'eusse aimé
que tu eusses aimé
qu'il eût aimé
que nous eussions aimé
que vous eussiez aimé
qu'ils eussent aimé

CONDITIONNEL

Présent
j'aimerais
tu aimerais
il aimerait
nous aimerions
vous aimeriez
ils aimeraient

Passé première forme
j'aurais aimé
tu aurais aimé
il aurait aimé
nous aurions aimé
vous auriez aimé
ils auraient aimé

Passé deuxième forme
j'eusse aimé
tu eusses aimé
il eût aimé
nous eussions aimé
vous eussiez aimé
ils eussent aimé

IMPÉRATIF

Présent
aime
aimons
aimez

Passé
aie aimé
ayons aimé
ayez aimé

PARTICIPE

Présent
aimant

Passé
aimé
aimée
aimés
aimées
ayant aimé

INFINITIF

Présent
aimer

Passé
avoir aimé

GÉRONDIF

Présent
en aimant

Passé
en ayant aimé

Finir (2e groupe)

INDICATIF

Présent

je finis
tu finis
il finit
nous finissons
vous finissez
ils finissent

Passé composé

j'ai fini
tu as fini
il a fini
nous avons fini
vous avez fini
ils ont fini

Imparfait

je finissais
tu finissais
il finissait
nous finissions
vous finissiez
ils finissaient

Plus-que-parfait

j'avais fini
tu avais fini
il avait fini
nous avions fini
vous aviez fini
ils avaient fini

Passé simple

je finis
tu finis
il finit
nous finîmes
vous finîtes
ils finirent

Passé antérieur

j'eus fini
tu eus fini
il eut fini
nous eûmes fini
vous eûtes fini
ils eurent fini

Futur simple

je finirai
tu finiras
il finira
nous finirons
vous finirez
ils finiront

Futur antérieur

j'aurai fini
tu auras fini
il aura fini
nous aurons fini
vous aurez fini
ils auront fini

SUBJONCTIF

Présent

que je finisse
que tu finisses
qu'il finisse
que nous finissions
que vous finissiez
qu'ils finissent

Passé

que j'aie fini
que tu aies fini
qu'il ait fini
que nous ayons fini
que vous ayez fini
qu'ils aient fini

Imparfait

que je finisse
que tu finisses
qu'il finît
que nous finissions
que vous finissiez
qu'ils finissent

Plus-que-parfait

que j'eusse fini
que tu eusses fini
qu'il eût fini
que nous eussions fini
que vous eussiez fini
qu'ils eussent fini

CONDITIONNEL

Présent

je finirais
tu finirais
il finirait
nous finirions
vous finiriez
ils finiraient

Passé première forme

j'aurais fini
tu aurais fini
il aurait fini
nous aurions fini
vous auriez fini
ils auraient fini

Passé deuxième forme

j'eusse fini
tu eusses fini
il eût fini
nous eussions fini
vous eussiez fini
ils eussent fini

IMPÉRATIF

Présent

finis
finissons
finissez

Passé

aie fini
ayons fini
ayez fini

PARTICIPE

Présent

finissant

Passé

fini
finie
finis
finies
ayant fini

INFINITIF

Présent

finir

Passé

avoir fini

GÉRONDIF

Présent

en finissant

Passé

en ayant fini

Voir (3e groupe)

INDICATIF

Présent
je vois
tu vois
il voit
nous voyons
vous voyez
ils voient

Passé composé
j'ai vu
tu as vu
il a vu
nous avons vu
vous avez vu
ils ont vu

Imparfait
je voyais
tu voyais
il voyait
nous voyions
vous voyiez
ils voyaient

Plus-que-parfait
j'avais vu
tu avais vu
il avait vu
nous avions vu
vous aviez vu
ils avaient vu

Passé simple
je vis
tu vis
il vit
nous vîmes
vous vîtes
ils virent

Passé antérieur
j'eus vu
tu eus vu
il eut vu
nous eûmes vu
vous eûtes vu
ils eurent vu

Futur simple
je verrai
tu verras
il verra
nous verrons
vous verrez
ils verront

Futur antérieur
j'aurai vu
tu auras vu
il aura vu
nous aurons vu
vous aurez vu
ils auront vu

SUBJONCTIF

Présent
que je voie
que tu voies
qu'il voie
que nous voyions
que vous voyiez
qu'ils voient

Passé
que j'aie vu
que tu aies vu
qu'il ait vu
que nous ayons vu
que vous ayez vu
qu'ils aient vu

Imparfait
que je visse
que tu visses
qu'il vît
que nous vissions
que vous vissiez
qu'ils vissent

Plus-que-parfait
que j'eusse vu
que tu eusses vu
qu'il eût vu
que nous eussions vu
que vous eussiez vu
qu'ils eussent vu

CONDITIONNEL

Présent
je verrais
tu verrais
il verrait
nous verrions
vous verriez
ils verraient

Passé première forme
j'aurais vu
tu aurais vu
il aurait vu
nous aurions vu
vous auriez vu
ils auraient vu

Passé deuxième forme
j'eusse vu
tu eusses vu
il eût vu
nous eussions vu
vous eussiez vu
ils eussent vu

IMPÉRATIF

Présent
vois
voyons
voyez

Passé
aie vu
ayons vu
ayez vu

PARTICIPE

Présent
voyant

Passé
vu
vue
vus
vues
ayant vu

INFINITIF

Présent
voir

Passé
avoir vu

GÉRONDIF

Présent
en voyant

Passé
en ayant vu

Crédits photographiques
p. 8 : Guibert, Lefèvre, Lemercier © DUPUIS, 2020
p. 11 : De Agostini/Leemage
p. 20 : © Antoine Repesse
p. 21 : NSTARimages/ABC/Andia.fr
p. 33 : Bridgeman Images © Adagp, Paris 2020
p. 85 : *L'Écume des jours* de Boris Vian, Librairie Générale Française, Le Livre de Poche
p. 107 : © Le Livre de Poche

Crédits textes :
p. 47 : Pascal Jardin, *Le Nain jaune*, Éd. Julliard, 1997
p. 75 : Bernard-Marie Koltès, *Combat de nègre et de chiens* © 1989 by Les Éditions de Minuit
p. 86 : Jean Echenoz, Cherokee © 1983 by Les Éditions de Minuit
p. 96 : Guillaume Goubert, *La Croix* du 13 août 2019 © Bayard Presse
p. 98 : texte de gauche, © Prisma Média, texte issu du livre *Le Printemps des Millenials* de Gille Vermot-Desroches, Éditions Débats Publics (2018) ; texte de droite, *Le Parlement des invisibles*, Pierre Rosanvallon, © Raconter la vie/Le Seuil, 2014, « Points Essais », 2020, sous le titre : *Le Parlement des invisibles. Déchiffrer la France*
p. 100 : avec l'aimable autorisation des Éditions Flammarion.

IMPRIM'VERT
Votre imprimeur agit pour l'environnement

MIXTE
Papier issu de sources responsables
FSC® C022030
FSC www.fsc.org

N° projet : 10263061 - Dépôt légal : Août 2020
Achevé d'imprimer en Italie par L.E.G.O. S.p. A., Lavis (TN)